대한민국 청소년, 20대를 리드하라

박기태 · 김보경 지음

스마트주니어

***

　　반크의 박기태 단장을 처음 만난 것은 2011년 외교부 국제법률국장 재직 시절이었습니다. 독도 문제에 대해 의견을 나누면서 그가 독도에 대한 사랑뿐 아니라 어떻게 하는 것이 진정으로 독도를 사랑하는 것인지에 대한 지혜를 동시에 가지고 있는 성숙함을 볼 수 있었습니다. 그는 편협하지 않은 애국심과 세계시민 정신을 동시에 추구하고 있었습니다.

　민간 차원의 공공외교에 있어 반크의 활약은 국내에서 독보적입니다. 외국 교과서, 웹사이트 등에 기술된 한국 역사와 문화의 오류를 시정하고 한국 알리기에 혁혁한 성과를 거두었습니다. 참신한 아이디어, 공무원으로서는 불가능한 기상천외한 아이디어를 가지고 있을 뿐 아니라 잘못된 것을 발견하면 끝까지 시정해야 한다는 한국인의 특유의 끈질긴 집념이 있었기 때문입니다. 반크는 한국정부 공공외교의 소중하고 든든한 파트너입니다.

　이 책은 앞으로 세계 속의 우리 청소년들이 어떤 자세로 살아가야 할지에 대한 방향을 제시하는 청소년들의 필독서입니다. 청소년뿐 아니라 일반인들에게도 많은 영감을 줍니다. 주인의식, 호기심, 근본적인 질문을 던지는 습관 그리고 꿈과 긍정적인 사고방식이 개인의 국제경쟁력일 뿐 아니라 국가와 인류 발전의 원동력임을 자신의 성공 사례로 말해 줍니다. 고정관념의 타파가 왜 중요한지를 알기 쉽게 설명합니다. 이 책은 지식 전달을 넘어 어떻게 생각하고 살아가야 하는지를 가르쳐 줍니다. 많은 청소년들이 이 책을 통해 고기를 잡는 방법을 알고 인생을 설계하는 데 도움이 되기를 바랍니다.

이기철 (주 로스엔젤레스 총영사)

***

　　매일 수많은 책들이 쏟아지지만 막상 청소년들에게 추천할 만한 책은 귀합니다. 그러나 반크 박기태 단장의 저서는 자신 있게 추천할 수 있습니다. 박 단장 본인이 어린 시절부터 큰 꿈을 꾸면서 반크의 젊은이들과 함께 지금까지 하나씩 이루어나가고 있기 때문입니다. 박 단장을 처음 만난 것은 수년 전 제가 외교부 부대변인과 국제법률국장으로 활동하던 시절이었습니다. 외교부의 업무 성격상 반크의 국제적 활동을 곁에서 지켜볼 수 있는 기회가 많았습니다. 박기태 단장이 젊은이들과 함께 크고 대범한 꿈을 함께 꾸면서도, 허황되지 않고 소소한 주변에서부터 시작하여 건강하고 성실하게 꿈을 하나씩 이루어나가는 것을 보고 깊은 인상을 받았습니다. 박 단장과 반크가 그들의 소중한 경험을 책을 통해 후배들과 같이 나눈다니, 마음 든든하고 즐겁습니다.

신맹호 (주 캐나다 대사)

***

　　반크는 애국심과 세계시민정신을 바탕으로 대한민국 알리기를 위한 다양한 활동에 앞장서 왔습니다. 박기태 반크 단장은 그간의 활동 경험을 토대로 꿈을 쫓는 청소년들을 위한 멘토링을 해 왔는데, 그 결과를 모아 이렇게 책으로 발간하게 되니 반가운 마음입니다. 미래의 주인공인 우리 청소년들은 이 책을 통해 세상을 변화시키는 진정한 리더인 '지구촌 촌장'으로 거듭날 수 있는 자신감과 사명감, 그리고 삶의 긍정적인 변화를 이끌어 내는 에너지를 가득 충전할 수 있을 것입니다. 세계 속의 리더를 꿈꾸는 많은 청소년들은 물론, 그들을 응원하고 격려해 주시는 부모님들도 일독해 볼 것을 권합니다.

최종문 (외교부 다자외교 조정관)

***

　　지금은 VUCA(Volatile, Uncertain, Complex, Ambiguous)시대라고 합니다. 불확실성이 많고, 변덕스럽고, 예측이 불가능하며, 어렵고 복잡한 시대라는 말이지요. 특히 최근 4차 산업혁명이 본격 추진되면서 복잡성은 더욱 커져가고 있습니다. 아울러 한국은 평화통일과 선진화, 또 글로벌 코리아를 구현해야 한다는 막대한 과제도 안고 있습니다.

　　그럼에도 지금 전 세계가 대한민국을 주시하고 있습니다. 과거에는 개발도상국들이 국가 발전의 모델로 대한민국을 바라보았습니다. 그러나 지금은 선진국들조차도 대한민국을 바라보고 있습니다. 그 이유는 대한민국에서는 국가 발전과 도덕적 가치가 균형을 이루고 있기 때문입니다. 그만큼 대한민국의 미래는 희망찹니다.

　　이러한 시대적 사명을 감당하기 위해서 청소년 여러분이 글로벌 리더십으로 철저히 무장이 되어야 된다고 생각합니다. 글로벌 리더가 되기 위해서 먼저 우리의 정신이 가치 중심이 되어야 하고, 글로벌 중심이 되어야 하고 또 미래 중심이 되어야 합니다.

　　이런 시대 상황과 국가적 대과제가 있는 가운데 이 책이 발간된 것은 매우 시기적절합니다. 가치, 글로벌, 미래 지향적 리더로 여러분을 성장시켜 줄 책입니다. 여러분이 이 책을 통해서, 또 더 나아가서는 실제 체험을 통해서 VUCA 시대를 이끄는 글로벌 리더가 되기를 바랍니다.

　　어려운 여건 속에서도 청소년들에게 꿈과 열정, 도전을 심어주는 박기태 반크 단장께 경의를 표합니다. 이 책이 지향하는 꿈이 실현되어 한국과 지구촌 사회가 동반 성장하고 발전하는 데 마중물 역할을 하게 되기를 기대합니다.

이양구 (주 우크라이나 대사)

***

우리 청소년들에게 꿈과 용기를 심어 주고 애국심을 북돋워 주는 데 앞장 서고 있는 반크가 이번에 또 큰 일을 해냈습니다. 이 책은 그야말로 우리 청소년들에게 무한한 꿈과 도전의 길로 나갈 것을 손짓하고 있습니다. 이미 세계의 영웅이 된 많은 젊은이들의 뒤를 이어 우리 젊은이들도 지구촌의 영웅들로 등장할 것을 염원하는 것입니다. 그렇습니다. 우리 청년들은 무한한 잠재력을 가지고 있고, 지구촌의 어떤 어려운 문제에 대해서도 해결책을 내놓을 수 있는 탁월한 능력이 있습니다. 다만 아직 그러한 능력과 잠재력을 마음껏 발휘하지 않고 있을 뿐입니다. 이 책은 '위대한 한국인'으로 나아가는 첫걸음입니다. 이 땅의 많은 청소년들이 이 책을 읽고 위대한 길로 나아가는 꿈을 꾸게 될 것으로 생각하기 때문입니다. 아무쪼록 이 책을 읽고 얻은 영감과 동력이 대한민국의 청소년들을 미래 지구촌 촌장의 길로 이끌어주길 진심으로 소망합니다.

류광철 (前 주 짐바브웨 대사, 신한대학교 석좌교수 겸 국제교류원장)

***

지구촌 촌장이 되어 지구촌의 변화를 주도하라는, 우리나라 청소년들을 향한 박기태 반크 단장의 함성은 온몸에 전율을 느끼게 합니다. 이 책은 4차 산업혁명 시대를 맞아 우리 청소년들이 어떤 꿈을 꾸며, 어떻게 살아가야 할지에 대한 방향을 제시해 줍니다. 뿐만 아니라 지구촌의 역사를 바꾸어 나간 전 세계 청년들의 이야기를 통해 우리 청소년들 역시 세계의 변화를 주도하는 지구촌 촌장이 될 수 있음을 이야기합니다. 저 역시 우리 청소년들에게 힘찬 응원을 보냅니다!

장동희 (前 주 핀란드 대사, 경북대 초빙교수)

***

　　나라와 청소년을 위해 늘 헌신하는 박기태 단장이 이번에 청소년들의 꿈과 비전을 키우는, 귀한 책을 낸 것에 대해 기쁘게 생각합니다. 제가 그리스 대사로 발령받기 전인 2010년, 표기명칭대사로서 세계지도에 동해가 일본해로 표기된 오류를 바로잡기 위해 고심할 때, 박 단장이 이끄는 반크가 민간단체로서 정부의 지원도 없이 동해 표기를 세계지도에 확산시켜 나가는 일을 열성적으로 하여 수많은 성과를 이룩해 내는 것을 보고 크게 감동받았습니다.

　반크는 동해 표기의 세계화를 이룩하기 위해 최전선에서 각고의 노력을 기울이는 한편, 나아가 이러한 노력과 더불어 한국의 역사와 문화를 세계에 제대로 알리는 일들을 활발히 하고 있습니다. 이러한 반크의 사업들은 세계 각급 학교 교과서에서 한국의 역사와 문화가 왜곡되지 않고 정확하게 실리도록 하여 세계의 청소년들이 한국에 대한 이해가 높아지도록 하는 데에 크게 기여하고 있습니다.

　이 책은 청소년들이 학교에서 쉽게 배울 수 없는 내용들로 이루어져 있어 청소년들에게 크게 도움이 될 것으로 생각합니다. 특히 청소년들이 시야를 국내에 한정시키지 않고 지구적인 문제들, 즉 빈곤, 테러, 환경, 인권 등으로 넓혀 지구촌의 촌장 의식을 갖도록 권장하고 있습니다. 이 책을 통해 우리 청소년들이 앞으로 다가오는 새로운 시대에서 세계적인 안목을 가지면서 국내외적으로 지도력을 발휘하는 성숙된 사람으로 성장하는 계기가 될 수 있기를 기대해 봅니다.

신길수 (前 주 그리스 대사)

***

서울 성북구 보문동에 있는 사이버 외교 사절단 반크의 1층 공간은 교육과 만남의 장소로 꾸며졌습니다. 바로 반크 서원 '깃드는 새'입니다. 지난 2014년 6월 문을 연 이곳은 반크 청년들의 꿈이 현실로 이뤄지는 곳이라고 합니다. 세상에서 가장 작은 겨자씨도 자라서 나무가 되고 숲을 이루면 그 속에 새들이 깃든다면서 그런 공간을 만들고 이름을 지었습니다.

반크는 유독 '겨자씨'라는 단어를 많이 씁니다. 왜 그럴까요? 눈에 보이지 않을 만큼 작지만 자라면 키가 4~5m의 나무가 되는 이 씨앗이 주는 의미 때문만은 아닙니다. 바로 다음과 같은 말 때문입니다.

"인류 역사의 모든 변화는 꿈꾸는 누군가로부터 시작됐다."

이 말의 뜻이 궁금하다면 지금, 이 책을 열어보길 추천합니다. 특히 31일 뒤 '지구촌 촌장'이 되고 싶은 청소년은 정독할 것을 권합니다. 이 책에는 박기태 반크 단장이 지난 20여 년간 한국을 바로 알리고, 일본의 역사 왜곡 등에 맞서는 현장의 기록과 실천이 그대로 녹아 있습니다. 이 책을 덮는 순간, 여러분은 이미 지구촌 촌장이 되기 위한 출발점에 서 있다는 것을 느끼게 될 것입니다.

왕길환 (연합뉴스 글로벌코리아센터 한민족뉴스부 차장)

차 례

1장 남이 갔던 길 말고, '나'만의 길을 가라!
새내기 지구촌 촌장을 위한 예비 교육

2장 지구촌 촌장들의 질문의 힘
변화를 상상하고 실천한 지구촌 촌장들의 14가지 사례

3장 대한민국 촌장이 바로 지구촌 촌장
세상을 변화시킬 대한민국 지구촌 촌장들에게

인류 역사의 모든 변화는
꿈꾸는 누군가로부터
시작되었다!

　　　　　　청소년 그리고 청년 여러분, 안녕하세요? 저는 한국을 세계에 알리며 지구촌을 변화시키는 한국의 사이버 외교사절단 '반크'의 단장 박기태입니다.

　여러분은 혹시 '다보스 포럼'에 대해 들어본 적이 있나요? 다보스 포럼은 전 지구적 문제에 대해 해결방안을 모색하는, 유엔에 버금가는 국제기구입니다. 특이한 점은 세계 각국의 정재계 인사들과 사회 지도자뿐 아니라 할리우드 최고 스타들까지 함께 참여하고 있습니다. 그래서 신문과 방송에도 자주 오르내립니다. 매년 겨울 스위스에서 모임을 갖는데, 지구촌의 미래를 위해 정치, 경제, 사회, 문화적으로 전 세계가 어떤 방향으로 노력해야 하는지 의논하고 다양한 방법을 모색합니다.

　그런데 2016년 1월에 열린 다보스 포럼에서 전 세계를 큰 충격에 빠뜨리는 보고서가 발표됐습니다. 미국 뱅크 오브 아메리카와 영국 옥스퍼드 대학 연구팀이 공동으로 연구, 작성한 〈직업의 미래〉라는 보고서입니다. 보고서의 핵심은 전 세계 7

세 이하 아동이 커서 사회에 나갈 즈음이면 그중 65%의 아동이 지금 세상에는 없는, 완전히 새로운 직업을 갖게 된다는 것입니다. 즉 우리나라로 치면 2017년에 초등학교에 입학하는 어린이 중 65%가 지금까지 인류 역사상 단 한 번도 존재한 적 없던 새로운 일에 종사하게 된다는 의미입니다.

이러한 미래 예측은 인공지능, 로봇기술, 생명과학 등으로 대표되는 4차 산업혁명에서 비롯된 것입니다. 보고서는 미래에는 지금 인간이 하고 있는 일 대부분을 인공지능이 대체하기 때문에 컴퓨터, 수학, 건축 관련 분야에서는 200만 개의 새로운 일자리가 생겨나지만, 반대로 단순 사무직과 관리직 분야에서는 710만 개의 일자리가 사라진다고 전망했습니다. 결국 500만 개의 기존 일자리가 사라진다는 것입니다. 이 보고서는 지구촌 일자리의 65%, 즉 약 19억 명에게 일자리를 제공하는 세계 15개국 350개 대기업 인사담당 임원을 대상으로 조사한 결과라서 신뢰도가 아주 높습니다. 그래서 더욱 충격적이었지요.

이 예측은 이미 현실로 나타나고 있습니다. 한 예로 직원을 120만 명이나 둔 중국의 대기업인 폭스콘의 최고 경영자는 앞으로 100만 대의 로봇을 생산하여 인력을 대체하겠다고 발표해 사람들을 놀라게 한 바 있습니다. 이렇듯 지금 지구촌에서는 '혁명'이라는 단어를 사용해도 어색하지 않을 만큼 거대한 변화가 일어나고 있습니다. 다보스 포럼에서 발표된 보고서가 밝힌 미래사회 전망이 사실이라면 지금 청소년들이 학교에서 배우는 지식 대부분은 미래를 살아갈 청소년들을 위한 공부가 아닐지도 모릅니다. 여러분은 이 말이 어떻게 들리나요? 아직은 먼 미래의 일 같나요?

하지만 세계적인 미래학자들은 이미 오래 전부터 이러한 예측을 해왔습니다. 대표적인 학자가 바로 앨빈 토플러입니다. 앨빈 토플러는 미래 사회의 변화와 관련하여 특히 한국 교육의 문제점을 지적하여 주목을 받았는데, 그 내용은 다음과 같습니다.

"한국에서 가장 이해하기 힘든 것은 한국 교육이 지구촌의 미래에 필요한 교육과는 정반대로 가고 있다는 것이다. 한국 학생들은 자신들이 살아갈 미래에 필요하지 않을 지식을 배우기 위해, 그리고 존재하지도 않을 직업을 위해 하루 15시간 이상을 학교와 학원에서 아까운 시간을 허비하고 있다. 아침 일찍 시작해 밤늦게 끝나는 지금 한국의 교육제도는 산업화 시대에 인력을 만들어 내기 위한 것이다."

굳이 앨빈 토플러가 한 말을 들먹이지 않더라도, 21세기가 창의력이 가장 중요한 시대라는 건 이미 다 아는 사실이지요. 그런데도 한국 청소년들은 지금도 좋은 대학에 진학하기 위해 입시공부에만 매진합니다. 대입 평가기준인 수학능력시험이 객관식이다 보니 학생들은 이미 정해진 답을 맞히는 능력을 키우도록 요구받고 사고방식마저 획일화되고 있습니다. 교사도, 학교도, 국가도 학생들에게 미래 지구촌이 요구하는 창의력을 키워주기보다는 언제든 로봇으로 대체할 수 있는 획일적인 문제풀이 능력만 키워주고 있는 것입니다.

어떻게 하면 한국 교육이 안고 있는 이러한 문제점을 해결하고 우리 학생들이 지구촌을 더 나은 세상으로 만드는 주인공으로 나서도록 할 수 있을까요? 그리고 이 위대한 일을 해낼 주인공은 과연 누구여야 할까요?

저는 그 주인공이 다름 아닌, 바로 여러분이어야 한다고 생각합니다. 한국의 대통령도, 교육부 장관도, 유엔 사무총장도 아닌, 바로 한국의 청소년들과 청년들이 더 나은 미래 한국과 지구촌을 만드는 주인공이 되기를 바랍니다.

이 책은 한국을 세계에 알리며 지구촌을 변화시키는 한국의 사이버 외교사절단 '반크'가 여러분이 이 문제에 대한 해답을 스스로 찾아갈 수 있도록 돕고자 준비한 작은 선물입니다. 이 책에서는 빈곤, 테러, 환경, 교육, 인권 등 전 지구적인 문제 해결의 최선봉에 나선 세계 각국의 10대 청소년과 20대 청년들, 그리고 그들이 지구촌의 역사를 바꿔나간 이야기를 특히 집중해서 소개하고 있습니다.

저는 지구촌 변화의 주인공으로 나선 그 청소년들과 청년들을 '지구촌 촌장'이라고 부릅니다. 이들은 지구촌이 겪고 있는 다양한 문제를 국가 지도자나 유엔 등의 국제기구 또는 선진국만이 해결할 수 있다고 생각하지 않았습니다. 또 지구촌의 문제 해결에 나서는 일에 대통령, 국회의원, 유엔 사무총장, 국제기구 대표라는 직위나 타이틀이 필요하다고 생각하지 않았습니다. 박사학위나 전문지식이 없다고 포기하는 일도 없었고, 심지어 나이도 아무런 문제가 되지 않았습니다. '지구촌 촌장'들에게 중요한 것은 실력, 배경, 직위, 경력이 아니라 세상을 바꾸려는 의지였습니다.

우리나라 청소년들과 청년들에게도 이 책이 소개하는 세계 각국 '지구촌 촌장'들에게 결코 뒤지지 않는 자질과 능력이 있습니다. 그러니 여러분도 좀 더 의미 있고 가치 있는 꿈을 가지고, 그 꿈을 스스로 만들어가려는 의지를 갖길 바랍니다. 무엇보다 한국을 헬조선이라 부르며 스스로를 지옥에 가두는 일을 멈추어야 합니다. 그 대신 지구상에 아직 존재하지 않는 희망찬 나라를 직접 만들기를 권합니다. 자신을 구원해 줄 시스템이 준비되기를, 위대한 지도자가 나타나 모든 걸 해결해 주기를 기다리기보다 여러분 스스로 위대한 사람이 되겠다고 나서야 합니다.

이 책은 여러분이 교실과 학교 담장을 넘어 지구촌 변화를 주도하는 혁명가가 되고, 앞장서서 더 나은 미래를 만들어 나가는 영웅으로 성장하도록 돕는 일종의 안내서입니다.

저는 여러분이 이 책을 통해 세상을 바꾸는 완벽한 시스템은 존재하지 않으며, 여러분을 대신해 세상을 바꾸는 위대한 지도자는 존재하지 않는다는 것을 알기 바랍니다. 여러분 자신이 세상을 변화시키는 주인공이 되어 스스로의 길을 가면서 더 나은 세상을 위한 시스템을 만들어야 한다는 사실을 깨달았으면 합니다.

이 책은 청소년들과 청년들이 지구촌 촌장으로 살아갈 수 있는 기반을 마련하기 위한 31개의 프로젝트를 제시하고 있습니다. 각각의 프로젝트에는 지구촌 촌장학교에서 제시하는 미션이 소개되어 있습니다. 여러분은 매일 한 가지 주제의 글을 읽고 거기에 제시된 미션을 수행하면 됩니다.

미션에는 여러분이 해당 글을 읽고 난 후 꼭 해보았으면 하는 실천 활동과 생각의 깊이를 더할 수 있는 아이디어 과제를 제시했습니다. 백문이 불여일견! 글을 읽고 느낀 점을 미션을 수행하면서 구체적으로 고민하고 실천해 보기 바랍니다. 그러다 보면 한 달 후, 어느새 '지구촌 촌장'의 꿈에 한 걸음 더 다가선 자신을 만날 수 있을 것입니다.

이 책은 총 3장으로 구성되어 있습니다. 1장에서는 청소년과 청년들이 왜 변화의 주인공이 되어야 하는지 생각해 볼 수 있게 해주는 이야기를 담았습니다. 지구촌 촌장을 위한 일종의 예비교육이라고 할 수 있지요.

2장에는 지구촌의 새로운 변화를 상상하고, 그것을 실천에 옮긴 '지구촌 촌장' 14인의 이야기를 담았고, 마지막 3장에는 지금 당장 우리가 실천할 수 있는 의미 있는 활동들을 소개했습니다.

세상에서 가장 작은 겨자씨도 자라서 나무가 되고 숲을 이루면 그 속에 새들이 깃듭니다. 한국은 세계 지도상에서 보면 아주 작은 나라이지만 여러분이 주인공이 되어 변화를 이끌어 나간다면 그것이 희망의 증거가 되어 75억 세계인이 대한민국에 깃들 수 있을 것입니다.

인류 역사의 모든 변화는 꿈꾸는 누군가로부터 시작되었습니다. 이제 한국에서도 지구촌을 바꾸는 대한민국 청소년과 청년들의 위대한 혁명이 시작될 것입니다. 바로 여러분이 세상을 바꾸어 나가는 위대한 역사를 만드는 주인공입니다!

박기태 (반크 단장), **김보경** (반크 연구원)

제 1 장

남이 갔던 길 말고, '나'만의 길을 가라!

새내기 지구촌 촌장을 위한 예비 교육

세상을 바꾸는 스펙을 쌓아라

여러분, 스펙이란 말은 많이 들어보았죠? 우리는 흔히 성공하기 위한 자격 조건을 'Specification'이란 단어를 줄여서 스펙이란 말로 표현합니다. 지금도 여전히 많은 청소년들이 입시와 취업 경쟁에서 밀리지 않기 위해 많은 시간을 스펙을 만드는 데 투자하고 있지요. 어쩌다가 컴퓨터나 기계의 설명서에 쓰이는 스펙이란 단어가 우리나라 청소년들의 심장을 얼게 하는 단어가 되었을까요. 스펙 경쟁에서 밀려나면 인생의 낙오자가 되고, 절벽에서 떨어지는 기분을 느끼게 됩니다. 꿈을 생각하기에 앞서 일단 취업 경쟁에서 이겨야하고, 취업 경쟁에서 승리하기 위해서는 일단 우월한 스펙을 갖춰야 한다고 생각하기 때문입니다.

저 또한 여러분에게 '스펙 쌓기'를 권하려고 합니다. '결국 똑같은 이야기를 하는군.' 하고 생각할 수 있겠지만 여러분께 제가 권하는 스펙은 일반적으로 이야기하는 스펙과 종류가 좀 다릅니다.

저는 대한민국의 청소년들이 세상을 바꾸는 위대한 도전을 하고, 이 시대의 진정한 리더가 되기를 희망합니다. 그래서 제가 만든 새로운 스펙의 의미를 공유하고자 합니다.

스펙이란 단어의 스펠링은 SPEC입니다. 제가 정의한 SPEC의 각 스펠링에는 다른 의미가 담겨 있습니다. 스펙(SPEC)의 S는 땀(Sweat)으로 만든 이야기(Story)가 있는 한국 청년을 뜻합니다. 대학 시절, 저는 토익 고득점을 목표로 고군분투했습니다. 어떻게든 토익에서 높은 점수를 얻어 여행사에 취업하고, 외국에 나가 많은 경험도 하고 싶었습니다. 하지만 아무리 노력해도 점수는 오르지 않았습니다. 매달 토익 점수를 확인하고 실망하기를 반복했습니다.

"박기태님의 토익 점수는 600점입니다."

토익 점수를 말해 주는 기계음이 암울한 저의 미래를 대변하는 것 같았습니다. 토익 점수가 낮으니 취업이 안 되고, 취업이 안 되니 여행사나 무역회사에 입사할 수 없고 미래는 암담하기만 했습니다. 결국 저는 토익 고득점을 포기하고 새로운 도전을 하기로 작정했습니다.

새로운 도전의 시작은 바로 '한국관광 가이드'가 되는 것이었습니다. 제가 외국에 나가고 싶은 만큼, 우리나라에도 많은 외국인이 찾아온다는 점에 착안한 것입니다. 특히 서울의 고궁은 외국인들에게 인기입니다. 저는 덕수궁으로 갔습니다. 그곳에서 만난 외국인들에게 저를 '청년 한국관광 가이드'라고 소개했습니다.

"저는 대학생이고, 외국인 관광객들에게 한국을 안내해 주는 자원봉사를 하고 있습니다. 한국 정부에서 귀빈을 위한 관광 가이드를 배치해서 무료로 안내해 주는 것처럼 저는 당신과 같이 한국을 사랑하는 손님들에게 한국을 안내해 드리고자 합니다. 당신만 괜찮다면 오늘 하루 무료로 덕수궁과 서울 인근 관광지를 안내해 주고 싶습니다."

생전 처음 만나는 외국인들을 상대로, 잘하지도 못하는 영어로 한국을 안내했습니다. 최선을 다해 진심을 전하고 나서 "감사해요", "한국사람, 친절합니다" 등의 말을 들었을 때의 기쁨이란! 물론 영어로 말하는 일은 힘들었습니다. 하지만 토익 공부를 위해 새벽에 일어나 학원을 가고, 좁은 교실에서 영어 단어를 외우는 것보다 외국인들을 직접 만나 대화한다는 설렘이 저를 하루하루 최선을 다하도록 만들었습니다. 이후 저는 매일 '땀'으로 채워진 공부를 했고, 외국인들 앞에서 '식은 땀'을 흘렸던 실전 경험들은 오늘날 주저하고 망설이는 청소년들에게 용기를 주는 '이야기'가 되었습니다.

제 스펙(SPEC)의 P는 열정(Passion)적으로 행진(Progress)하는 청년을 뜻합니다. 저는 해외로 어학연수를 떠나 외국 학생들과 만나보고 싶었습니다. 하지만 당시 제 스펙으로는 국가 해외 장학생, 기업 해외 봉사자로 선발되기가 불가능했습니다. 그런데 우연히 '인터넷 활용'이라는 교양 수업을 들으면서 초라한 스펙에 대한 원망이 녹기 시작했습니다. 그저 학점을 따기 위해 수강한 그 수업이 저의 미래를 바꾼 것입니다. '인터넷 활용' 수업을 들으며 나는 인터넷이야말로 세계를 향해 행진할 수 있는 통로라는 생각을 했습니다. 전 세계 누구와도 만나 대화할 수 있으며 전 세계 어떤 기관과도 연락할 수 있으니까요.

저는 덕수궁에서 외국인들에게 한국을 알린 경험을 떠올렸습니다. '한국에 관심 있는 외국인 중에도 돈이 없어 한국에 직접 오기 어려운 학생들이 있지 않을까? 그들에게 인터넷을 통해 한국을 알리자. 외국의 대학생들에게 이메일을 보내고 한국을 안내해주는 활동을 하면 되지 않을까?'

저는 그길로 pc방으로 갔습니다. 전 세계 대학 웹사이트를 검색해 한국어를 전공하는 학생과 교수들에게 이메일을 보냈습니다.

"저는 한국어를 전공하는 전 세계 대학생들에게 인터넷상에서 무료로 한국어를 가르쳐 주는 봉사활동을 하고 있습니다. 만약 한국 친구와 펜팔 교류를 할 수 있다면 당신의 한국어 공부에 도움이 될 것입니다. 한국의 경제, 역사, 문화 등 다양한 내용에 대해서도 궁금한 점이 있다면 친절하게 안내해 드리겠습니다."

그 결과 여러 외국인 대학생들에게 한국어를 가르치며 한국을 소개하는 활동을 할 수 있게 됐습니다. 늦은 밤 pc방에서 1000곳 넘는 대학교에 편지를 보낸 저의 '열정'이 있었고, 외국의 대학생에게서 응답이 올 때까지 지속적으로 '행진'했기 때문에 가능했습니다. 여러분도 가능합니다. '열정'을 가지고 지속적인 '행진'을 할 수 있다면 불가능도 가능하게 만들 수 있습니다.

사회에서 필요로 하는 스펙을 얻기까지 자신에게 주어진, 어쩌면 자신의 인생까지 바꿀 수 있는 기회를 뒤로 미루고 있지는 않나요? 사회에서 요구하는 스펙에만 얽매이다가는 '평생 준비만 하는 인생'을 살게 됩니다. 열정을 가지고 행진하고 나아가는 과정에서 기회가 찾아오고, 실력이 채워지고, 마침내 꿈을 이룰 수 있게 될 것입니다.

제 스펙(SPEC)의 알파벳 E는 지구(Earth)를 가슴에 품고 함께 꿈을 이루는 권한을 부여(Empowerment) 받은 청년을 뜻합니다. 저는 늘 청소년들에게 생각의 틀을 75억 세계인의 관점으로 바꾸고, 전 지구적으로 꿈을 확장해 나가자고 말합니다. 저는 외국인 친구 단 한 명을 대상으로 하는 한국 홍보활동이 그 친구의 가족, 학교의 구성원까지 확대되어 75억 세계인 닿을 수 있다는 것을 실감했습니다.

펜팔 친구에게 정성을 다해 한국을 홍보하면 친구가 한국에 관심을 갖게 되고 한국 음식을 사먹으며 한국 방송을 시청하게 됩니다. 급기야 자신의 가족과 친구에게 한국을 소개합니다. 그렇게 사람의 관계를 통해 75억 세계인이 한국을 사랑하게 되는 과정이 파노라마처럼 눈앞에 펼쳐졌습니다. 그 꿈은 곧 실천으로 이어졌습니다. 저와 비슷한 청년들을 모으기로 마음먹었습니다. 전 세계적으로 한국을 홍보해 국가 이미지를 변화시켜 보자는 야심찬 꿈을 꾸게 됐습니다. 이른바 20만 명의 사이버 외교관이 되어 각자 외국인 친구를 다섯 명씩만 사귀어도 모두 100만 명의 외국인 친구에게 한국을 홍보할 수 있게 됩니다. 어찌 보면 무모해 보이는 이 꿈은 절대 혼자서 이룰 수 없습니다.

'다 함께'여야만 이룰 수 있는 꿈을 꾸었기에 나와 비슷한 꿈을 꾸는 수많은 한국 청년들을 모을 수 있었습니다. 그들과 꿈을 함께 나누며 목표를 이루기 위해서는 권한 위임과 권한 부여(Empowerment)의 리더십이 필요했습니다. 저는 사이버 외교사절단 '반크'라는 단체를 설립해서 '사이버 외교관 양성 교육 프로그램'을 만들었습니다. 또 '한국 홍보대사 양성 프로그램'을 만들어 해외로 나가는 청년들에게 직접 한국의 문화와 역사를 홍보할 수 있는 실력과 자신감을 주고자 노력했습니다. 그들은 지금도 5대양 6대주 지구촌 곳곳에서 외국인들을 대상으로 한국에 대한 새로운 이미지를 만들어 나가고 있습니다.

제 스펙(SPEC)의 알파벳 C는 자신만의 색깔(Color)로 대한민국(Corea)를 변화시켜 나가는 청년을 뜻합니다. 세상의 모든 사람들은 자신만의 색깔을 가지고 있습니다. 그런데 많은 사람들이 자신만의 색깔은 무시한 채 남의 색깔을 사용하려고만 합니다. 세상을 감동시킬 수 있는, 자신만의 색깔과 개성을 담은 콘텐츠를 만들어 내는 인생이 정말 가치 있는 삶입니다.

저는 이 시대의 청소년들이 남의 색깔을 부러워하며 상처받는 인생을 살아가기보다 자신의 색깔을 발견하고, 그 색으로 자신만의 인생을 살아가길 바랍니다.

자, 이제 첫 번째 미션을 제시하고자 합니다. 지금 여러분의 꿈과 목표에 따라 제가 한 것처럼 스펙의 의미를 새롭게 정의해 보고 소개해 보세요. 저 또한 청소년 시절에는 사람들이 흔히 말하는 스펙을 위해 살았습니다. 하지만 나만의 색으로 정의된 스펙을 찾았기 때문에 지금에 이르게 된 것입니다.

 지구촌 촌장학교 실천 활동

아래 스펙의 스펠링에 맞게 여러분의 삶을 제가 만든 스펙의 의미로 소개해 보거나 아니면 여러분 스스로 스펙의 의미를 만들어서 설명해 보세요.

S :

P :

E :

C :

스스로 멘토가 되어라

  2013년 4월 영국의 한 마라톤 경기에서 실제 있었던 일입니다. 맨 앞에서 선두로 달려가던 한 명을 제외한 선수 5천여 명이 단체로 실격처리 되었다고 합니다. 이 이야기는 국제뉴스를 통해 전 세계로 알려져 세계적으로 큰 화제를 불러 일으켰습니다. 마라톤 경기를 하던 5천여 명이 단체로 실격되다니, 어떻게 이런 일이 발생할 수 있었을까요? 이유는 정말 단순했습니다.

  5천여 명의 선수들이 차례대로 달리면서 서로 앞에 달리고 있는 선수의 등을 보고 달렸는데, 문제는 2위로 달리던 선수가 길을 잘못 들면서 발생했습니다. 즉 1위 선수와 격차가 상당히 벌어진 2위 선수가 착각하여 길을 잘못 들면서 그 뒤를 따라 달리던 선수 5천여 명이 모두 마라톤 코스를 이탈했다는 것입니다. 결국 1위를 제외하고 2위 선수를 비롯한 5천여 명이 전원 실격 처리됐습니다. 2위 선수의 뒤를 따르던 선수들은 차례차례로 앞 선수를 향해 앞사람만 믿고 달렸을 뿐인데 허탈한 감정을 감출 길이 없었다고 합니다.

그 길고도 긴 레이스를 자기 바로 앞에서 뛰는 선수만 바라보고 힘들게 달렸는데, 결승점에 도착하여 실격처리 판정을 받으면 얼마나 억울할까요? 뒤늦게 "앞 선수만 믿고 달렸을 뿐인데……"라고 한탄해 보았자 경기는 이미 끝나버린 뒤라서 아무 소용이 없었습니다.

저는 이 뉴스를 접하고 인생이라는 마라톤 경기에 임하는 우리 청소년들을 떠올렸습니다. 청소년들이 누구를 따라 달려가는지에 따라서 인생 또한 달라지는 것이 아닌가 하는 생각 때문이었습니다. 청소년 시절에 누구를 따라 누구와 함께 달리고 있느냐에 따라 수십 년 후 인생이란 마라톤의 결승지점에 다다랐을 때 희비가 엇갈리게 될 수 있겠지요.

청소년 시절엔 누구나 다 자신의 인생을 이끌어줄 스승, 리더, 지도자를 찾습니다. 저 또한 제 인생을 이끌어줄 스승이 있었습니다. 제 인생의 스승은 권력이 있거나, 재산이 많거나, 유명해서 명예가 있는 사람은 아니었습니다. 어머니, 아버지, 형, 동생 모두가 나에게 가르침을 준 스승입니다. 가족 이외에도 제 인생엔 끊임없이 평범하지만 위대한 스승들이 등장했습니다. 이분들은 제가 저의 스승이 되어달라고 찾아가거나 부탁한 사람들도 아닙니다. 부모님, 가족처럼 저의 스승 모두는 살면서 인생의 길 한켠에서 마주쳤으며, 저에게 큰 가르침을 주신 분들입니다.

덕수궁에서 만난 외국인 할머니

대학 4학년 시절, 한 번도 외국 여행을 못 가본 저는 취업을 통해 외국에 나가고 싶다는 꿈을 꾸었습니다. 호텔이나 무역회사, 여행사에 취업하면 외국인을 마음껏 만나 대화하고, 외국에도 마음껏 다닐 수 있을 거라고 생각했지요. 하지만 현실은 냉혹했고 기대했던 회사들의 서류전형과 면접에서 줄줄이 실패하고 말았습니다. 결국 대학교 졸업식 때까지 취업을 못해 주변 사람들에게 걱정을 끼친 가슴 쓰린 기억이 있습니다. 당시 정부에서 모집했던, 한국에 방문하는 외국 관광객들에게 우리나라에 대해 안내하는 무료 봉사활동에 지원했으나 그마저 떨어져서 패배감과 좌절감으로 하루하루를 보냈습니다.

그런 저에게 꿈을 향해 작지만 새로운 기회를 준 멘토는 바로 한 일본인 할머니였습니다. 우연히 서울에 관광을 온 외국인들이 많이 모이는 덕수궁 앞에서 길을 헤매던 일본인 할머니를 만났던 것입니다. 저는 할머니와 할아버지, 손녀에게 고궁을 안내해 주겠다고 제안했고, 덕분에 남산타워, 남대문시장, 광화문, 명동 등 서울 주요 관광지 곳곳을 무려 5시간을 넘게 무료로 안내해 드렸습니다.

저의 지나친 친절에 감동한 일본인 할머니는 저를 자신이 묵고 있는 호텔로 데려가 근사한 호텔 레스토랑에서 생전 처음 먹어보는 음식을 대접해 주었습니다. 당시 할머니가 호텔 레스토랑에서 저에게 해준 말이 지금도 기억납니다.

"정말 감사합니다. 내가 만난 한국인 중 당신은 가장 친절한 대학생입니다."

취업을 못해 하루하루 힘들고 자신감이 없던 시절, 일본인 할머니의 칭찬은 저의 괴로운 하루를 기쁘고 설레었던 하루로 바꿔 주었습니다. 여행사 취업에 실패한 저에게 할머니는 단 하루지만 여행사 직원이 될 수 있는 기회를 준 셈이었지요. 저는 할머니를 통해 여행사의 VIP 서비스를 경험한 외국인 고객이 뽑은 최고의 친절 사원으로 선정된 이상의 기쁨을 누렸습니다.

학교 과제를 부탁한 초등학생

한국을 찾은 일본인 할머니를 통해 제 안의 작은 가능성 하나를 발견했습니다. 바로 제 자신이 '친절'이란 좋은 가치를 실천할 수 있는 힘을 가지고 있다는 것을 깨닫게 된 것입니다.

저는 본격적으로 한국을 방문하는 외국 관광객들에게 한국을 안내하는 무료 가이드 활동을 하기 시작했습니다. 월급도, 명함도, 활동비도 없었습니다. 하지만 가이드 활동을 통해 한국을 방문하는 외국인이 한국에 대해 더 잘 알게 되고, 저 또한 우리나라를 더 사랑하게 되었습니다. 저는 이러한 경험을 홈페이지로 만들어 저와 같은 뜻을 가진 대학생들과 모임을 결성하기로 마음먹었습니다. 돌이켜보면 제가 당시 외국에 한 번도 가보지 못했기 때문에 해외 친구를 사귀고 싶은 열망이 강했던 것 같습니다.

그런데 여기서 또 생각지도 못한 일이 일어났습니다. 제가 만든 홈페이지가 생각과는 달리 어느새 청소년들의 해외 펜팔사이트로 변해버린 것입니다. 자유롭게 외국에 갈 수 있어 외국 친구를 쉽게 사귈 수 있는 대학생들보다 입시와 수업으로 교실에 갇혀 있는 청소년들이 홈페이지를 즐겨 찾았기 때문입니다. 게다가 당시 청소년들에게 가장 많이 주어진 수행평가 숙제가 바로 외국 펜팔친구들에게 한국의 2002년 월드컵을 알리는 것이었습니다. 순식간에 제 사이트는 청소년들의 유명 숙제 사이트가 되었습니다. 사이트 관리자인 저에게 청소년들은 전 세계 외국 친구를 주선해 주기를 원했고, 저는 그때 최선을 다해 해외 주요 펜팔사이트를 소개하며 사이트 이용법을 소개해 주었습니다. 영어 작문에 힘들어 하는 청소년을 위해 서점에서 영어 펜팔 책 열 권을 구입해 펜팔 시 유용한 영작문장을 정리해 가르쳐 주기도 했습니다.

지금 와서 돌이켜보면 당시 제가 도와줬던 청소년들은 오히려 저를 성공시켜 준 제 인생의 스승이 아니었나 싶습니다. 왜냐하면 전 세계 펜팔친구와 교류하는 활동을 도와주면서 제 스스로가 지구촌 곳곳의 국제적 상황을 알게 되는 글로벌 감각을 갖게 되었기 때문입니다. 그때의 청소년들은 저에게 5천만의 눈으로 한국을 바라보는 것을 넘어 75억 세계인의 눈으로 한국을 바라보게 해주었습니다.

동해를 지켜달라고 요청한 해외 유학생

어느 날, 운명적으로 제게 조국과 민족을 위해 명예로운 일을 할 수 있는 기회가 주어졌습니다. 당시 사이트를 운영하며 넓은 시각으로 한국을 바라볼 수 있게 된 저는 우리나라 지도와 세계지도에 관심을 갖게 되었습니다. 전 세계 청소년들이 펜팔을 하면서 꼭 필요한 것이 바로 세계지도이기도 합니다. 한번은 미국의 친구가 세계지도에 한국과 미국 사이에 다리를 그리며 우정의 하트를 그려서 이메일로 보내 주었는데, 한반도 지도에 동해가 일본해로 표기되어 있다는 사실을 알게 되었습니다.

저는 깜짝 놀라 지구본은 물론 세계 역사교과서, 관광책자 등을 모조리 뒤져보았습니다. 외국 친구들이 한국 친구를 사귀게 되면 한국에 호기심이 생겨 한국의 위치를 찾는 일은 당연한 일인데, 그간 지도를 보면서도 이런 사실을 깨닫지 못하고 있었습니다. 놀랍게도 거의 대부분의 지도에는 동해가 일본해로 표기되어 있었습니다. 또 독도가 다케시마로 표기되어 있는 경우도 많았습니다.

저는 평범한 청소년들이 모여 있는 작은 펜팔사이트지만 한국을 바로 알려야겠다는 공적 책임감을 갖게 되었습니다. 하여 곧바로 여러 권의 국제 협상 영어 책을 연구해 세계에서 가장 유명한 세계지도 출판사에 일본해 표기가 부당하다는 영문 편지를 보냈습니다.

며칠 후, 기적적으로 내셔널지오그래픽에서 일본해 표기가 잘못되었고 시정하겠다는 답변이 왔고, 저는 갑자기 주요 매스컴에서 세계 속에 잘못 알려진 대한민국을 구한 영웅이 되어 있었습니다. 얼떨결에 조국과 민족을 구한 영웅이 되자 엄청난 일이 발생했습니다. 매스컴에 소개된 저의 활동을 보고 전 세계 한국인 유학생으로부터 제보가 폭증한 것입니다.

"호주 유학생인데 시험 문제에 일본해라고 표기하도록 출제하고 있으니 바꾸어 주세요."

"미국 유학생인데 세계사 교과서에 한국 역사를 중국과 일본의 식민지 역사로 매도하고 있어요."

"프랑스 유학생인데 대학 도서관에 온통 중국과 일본 역사책만 있고 한국 역사책은 볼 수 없어요. 이곳의 대학생들은 일본사, 중국사만 배워요."

전 세계 유학생으로부터 외국 교과서, 세계지도책에 수천 건의 한국 역사, 영토, 문화가 왜곡되고 있다는 제보가 빗발쳤습니다. 저는 이들의 제보를 받고 가만히 있을 수 없었습니다. 곧 대형서점에 가서 한국을 영어로 소개하는 다양한 도서를 구입하여 한국의 문화, 역사, 영토, 관광을 소개하는 자료를 만들었습니다. 그때부터 전 세계 유학생들과 한국의 청년들과 함께 세계 교과서 등의 책자에 왜곡된 내용을 시정하고 한국의 역사를 세계에 바르게 알리는 다양한 프로젝트를 추진하게 되었습니다.

지금 와서 보면 저에게 제보를 해줬던 수많은 유학생들이 평범한 청년인 저를 왜곡된 한국을 바로 알릴 수 있는 한국 대표 대사가 되길 꿈꾸게 해준 스승이었다는 생각이 듭니다.

청소년들은 저에게 멘토가 되어달라고 말합니다. 저는 오히려 청소년들에게 말합니다. "여러분이 저의 멘토가 되어 주세요. 여러분 스스로 멘토가 되세요."라고 말입니다. 우리는 모두 자신만의 인생길을 달려가는 마라톤 주자이며 스승이자 멘토입니다. 주변을 둘러보면 우리나라 청소년들은 모두 저마다의 개성, 재능, 성격, 매력을 가지고 있습니다. 그런데도 하나같이 자신만의 미래를 개척하기보다는 남과 같은 길, 남이 갔던 길, 모두가 가고 있는 길을 향해 맹목적으로 따라 가고 있습니다. 남과 다른 길, 남이 안 간 길, 자신만의 길을 갈 수는 없는 것일까요?

잠시 여러분의 손바닥을 펼쳐 손금을 보세요. 그리고 여러분 주변 친구의 손바닥을 펼쳐 여러분의 손금과 비교해 보십시오. 여러분의 손금이 친구의 손금과 다르듯이, 전 세계 75억 세계인들 중에 여러분과 같은 손금을 가지고 있는 사람은 한 명도 없습니다. 심지어 여러분을 이 땅에 태어나게 해주신 부모님의 손금도 여러분과 다릅니다.

저는 여러분이 남과 같은 길을 가려는 것을 탈피해서 남과 다른 길, 남이 안 갔던 길, 자신만의 길을 개척하고 만들어 나가는 순간 여러분은 저의 멘토를 넘어 대한민국 모든 청소년들의 멘토가 될 능력을 갖추게 될 것이라고 믿습니다. 왜냐하면 저 또한 남과 다른 저만의 길을 향해 10년 넘게 달려왔기에 사이버 외교사절단 반크의 길을 개척했고, 이 길을 위해 수많은 한국 청년들과 함께 대한민국을 세계에 알리며 지구촌을 변화시키고 마라톤 행진을 하고 있기 때문입니다.

반크에서 한국 청소년들이 대한민국을 세계에 알리며 지구촌을 변화시키려는 한 가지 목적을 가지고 있다고 해서 우리 모두가 한 가지 목적을 향해 같은 길을 달려가는 것은 반대합니다. 대한민국을 세계에 알리는 길도, 지구촌을 변화시켜 나가는 길도 수천 가지, 수만 가지, 수백만, 수천만 가지로 나뉘기 때문입니다. 어떤 청소년들은 교육가로, 어떤 청소년들은 정치가로, 어떤 청소년들은 기업가로, 어떤 청소년들은 문화 예술가로, 어떤 청소년들은 스포츠 전문가로 각자 남과 다른 자신의 재능과 개성으로 대한민국을 세계에 알리며 지구촌이 처한 위기와 어려움, 문제를 해결할 수 있기 때문입니다.

따라서 저는 여러분 모두가 자신의 길을 이끌어줄 멘토를 찾기 위해 수고할 필요가 없다고 생각합니다. 여러분이 남과 다른 길을 걸어가기로 결심하는 순간, 이미 여러분은 스스로 멘토의 자격을 갖추게 될 것이기 때문입니다. 여러분이 지금은 미약하고 초라하더라도, 자신의 길을 개척해 10년간 한 길을 걸어간다면 여러분만의 그 무엇을 세상에 보여줄 수 있을 것입니다.

혹시 여러분은 본인의 잠재력과 열정의 대부분을 가치 있고 의미 있는 활동보다 명문대 입시와 안정적인 직업을 위해 소비하고 있는지 않나요? 남과 다른 길, 나만의 길을 향해 가지 않고 남과 같은 길을 무의식적으로 따라가고 있진 않나요?

저의 멘토가 될 한국 청소년 여러분에게 바랍니다! 대기업, 판사, 검사, 의사, 공무원 등 지금 사회적으로 주목받는 직업, 안정적인 직업만을 바라보지 마세요. 전 세계적으로 약 100만 개가 넘는 직업이 있고, 한국의 직업의 수는 1만 개가 넘는다고 합니다.

하지만 미래에는 지금 존재하는 수많은 직업이나 유망했던 직업들도 순식간에 사라지고 우리가 상상하지 못할 새로운 직업이 끊임없이 등장할 것입니다. 이러한 변화 속에서도 확실한 것은 여러분 모두 남과 다른 여러분만의 재능과 개성으로 새로운 길을 만들어 한국을 대표할 수 있는 직업인이 될 수 있으며, 대한민국과 지구촌을 변화시킬 수 있는 능력이 있다는 사실입니다.

그러기에 전 오늘도 멘토를 찾아 헤매는 청소년들에게 말합니다.

"당신이 저의 멘토가 되어 주세요. 우리는 서로가 서로에게 멘토입니다."

기억하세요! 만약 청소년 여러분이 한 방향으로만 달리면 1등은 한 명이고, 동서남북 네 방향으로 달리면 1등은 4명이지만, 만약 360도 각 방향으로 달린다면 모두 1등이 될 수 있습니다. 오직 한 방향으로 달리는 1등을 위한 경쟁이 아닌, 세상을 바꾸기 위해 360도 방향에서 자신만의 위대한 길을 만들어가는 한국 청소년이 되길 기대합니다. 청소년 여러분이 각자 자신만의 인생의 마라톤에서 자신만의 길을 찾아 1등을 하고 자신의 길을 만들어갈 때 지구촌도 더 나은 세상으로 변화될 것입니다.

 지구촌 촌장학교 실천 활동

1. 현재 여러분의 멘토는 누구인가요? 그 이유는?

2. 여러분은 지금 마라톤 경주를 위한 출발선에 서 있습니다. 그러나 달리는 방향은 360도 중 어디로든 가능합니다. 여러분은 어느 방향을 향해 달리겠습니까?

세상을 바꾸는
평범한 리더가 되어라

여러분은 흑인 인권 운동하면 어떤 영웅과 어떤 이야기가 떠오르나요? 아마 많은 청소년들이 '마틴 루터 킹'을 떠올릴 것입니다. 1963년 8월 미국의 수도 워싱턴에서 그가 한 연설은 20세기 세계 역사에 가장 위대한 연설이라고 꼽히고 있지요. 잠깐 그의 연설을 떠올려 보겠습니다.

"나에게는 꿈이 있습니다. 조지아 주의 붉은 언덕에서 노예의 후손들과 주인의 후손들이 형제처럼 손을 맞잡고 나란히 앉게 되는 꿈이.
나에게는 꿈이 있습니다. 나의 아들딸이 피부색이 아닌, 그 속 됨됨이로 평가를 받는 나라에서 살아갈 수 있는 날이 오고야 말 것이라는 꿈이.
오늘 나에게는 그런 꿈이 있습니다!"

이 연설을 통해 마틴 루터 킹은 전 미국에서 가장 영향력 있는 흑인 인권 운동가가 되었습니다. 흑인 사회에서 가장 영향력 있고 최고 지도자였던 그는 200여 년 넘게 미국 사회에 보이지 않게 지속되어 온 인종차별 문제를 제도적으로 폐지시켰고, 이러한 그의 헌신과 노력으로 35세의 나이에 노벨평화상을 수상했습니다.

그럼 여러분은 혹시 '로자 파크스'라는 한 흑인 여성에 대해서 들어본 적이 있나요? 이 이야기는 미국의 몽고 메리시에서 실제 있었던 이야기입니다.

1955년 12월 1일 목요일 오후 6시, '로자 파크스'라는 이름의 한 흑인 여성이 버스에 탔습니다. 이 여성은 당당하게 버스비를 내고 빈 의자에 앉았습니다. 시간이 지나고 버스의 좌석은 어느덧 빈자리 없이 꽉 찼습니다. 이때 한 정거장에서 백인 승객들이 차에 올랐습니다. 백인 승객들이 좌석이 없어 버스에 서 있게 되자 버스기사는 이 흑인 여성에게 말했습니다. 이 버스기사도 백인이었습니다.

"이봐! 당신! 자리를 비켜줘야겠어."

버스기사는 이 흑인 여성이 좌석에서 일어나 백인 승객에게 좌석을 양보할 것을 당당하게 요구했습니다. 그러자 이 여성은 말했습니다.

"싫습니다. 이 자리는 제 자리입니다."

그러자 버스기사는 버스를 멈추고 경찰을 불렀습니다. 경찰은 이 흑인 여성을 기소했고, 몽고메리시는 이 여성에게 벌금 10달러와 소송비용 4만 달러를 내게 했습니다. 이 흑인 여성이 위반한 법은 바로 '흑백 인종분리법'입니다. '흑백 인종분리법'이란 1900년 몽고메리 시에서 버스 좌석에서 흑인석, 백인석을 구분하여 앉게 하는 법으로 더 나아가 버스 기사가 흑인승객에게 자리를 일어나게 명령하면 반드시 따르도록 한 법이었습니다. 1900년에 이 법이 처음 제정된 후 55년이 지나는 시간 동안 이 부당한 법을 흑인들은 바꾸고 싶었지만, 바꿀 힘이 없었습니다.

수많은 흑인들은 버스에서 강제로 고발당한 이 흑인 여성의 이야기에 분노했지만 그 누구도 이 거대한 흑인 차별법 앞에서 이 흑인 여성을 구할 용기를 내지 못했습니다. 이때 26세의 한 흑인 청년이 등장했습니다. 이 청년은 공무원도, 재력이 있는 기업가도, 권력을 가진 국회의원도 아니었습니다. 이 청년의 이름은 '마틴 루터 킹'이었습니다. 이 청년은 모든 흑인 청년들에게 한 가지 운동을 제안했습니다.

"흑인을 차별하는 모든 버스에 대한 승차 거부를 합시다."

이 청년의 제안에 흑인들은 하나 둘씩 동참하기 시작했습니다. 흑인들은 일터까지 버스를 타지 않고 걸어가기 시작했으며 흑인들끼리 모여 버스를 타지 않고 함께 차를 타기 시작했습니다. 흑인 택시들은 비싼 택시 비용을 버스비만큼만 받으며 이 운동에 참여했습니다. 이 청년이 시작한 버스 타지 않기 운동은 무려 381일간 지속됩니다. 누군가는 직장을 잃고, 누군가는 협박을 받고, 또 누군가는 목숨을 잃었습니다. 그렇지만 흑인들은 결코 멈추지 않았습니다.

마침내 1956년 11월 3일 미국 연방 대법원은 흑인석과 백인석을 나누는 것이 위헌이라고 판시했고 버스와 공공장소, 식당, 화장실에서의 흑인 차별 법안이 폐지됐습니다. 그리고 흑인이 당당하게 버스와 호텔, 식당 등에서 백인과 동등하게 대접받기 시작했습니다.

오늘날 수많은 사람들은 흑인 인권 운동의 기적을 가능하게 한 주인공으로 마틴 루터 킹을 기억합니다. 하지만 세계인들의 가슴 속에 마틴 루터 킹을 있게 한 것은, 바로 버스에서 당당하게 자리를 지킨 '로자 파크스'가 있었기 때문입니다.

저는 한국의 청소년들이 미래 지구촌 리더가 되길 바랍니다. 하지만 리더라고 해서 모두 무언가 큰 변화를 이뤄내야 하는 것은 아닙니다. 로자 파크스처럼 자신의 삶 속에서도 얼마든지 리더가 될 수 있습니다. 이런 리더들이 많아지면 결국 우리

의 삶이 바뀔 수 있습니다. 언제 어디서든 타인에게 영감을 줄 수 있는, 평범하지만
용기 있는 리더가 되길 바랍니다.

 지구촌 촌장학교 실천 활동

1. 여러분이 알고 있는 세상을 바꾼 위대한 리더는 누구인가요?

2. 영웅적인 리더의 곁에서 그들에게 영감을 주었던 평범한 리더들에 대해 조사해 보세요.

지구촌 변화의 주인공이 되는
꿈을 꾸어라

　　할리우드 영화를 보면 항상 위기에 처한 세계를 구하는 영웅으로 미국인이 자주 등장합니다. 미국 경찰은 세계 범죄자를 소탕하는 세계인을 위한 경찰이며, 지구촌 곳곳에서 발생하는 테러나 위험으로부터 인류를 구할 영웅은 미국인이라는 내용을 주로 담고 있습니다. 할리우드 블록버스터에 등장하는 미국의 영웅은 세계인의 영웅이 된다는 이야기 역시 단골처럼 등장하는 주제입니다. 현재 세계 초강대국 미국의 위상을 보여주는 단면이기도 하지만 한편으로는 지구촌이 미국을 위해 존재하는 것이 아닌데도 오직 미국만을 찬양하는 할리우드 영화가 내심 불편하기도 합니다. 또한 세계를 구하는 영웅으로 한국인이 등장하지 못하는 사실이 못내 아쉬워 미국을 질투하기도 했습니다.

　　그런데 영화를 보는 것과는 비교할 수 없을 정도로 미국에 대해 질투를 느꼈던 일이 있었습니다. 바로 미국 역사박물관에서였습니다.

미국 정부로부터 차세대 리더로 초대되어 워싱턴 D.C.에 머물 때, 미국 역사박물관에 방문하게 되었습니다. 5천 년 역사를 가진 대한민국에 비해 미국은 상대적으로 짧은 역사를 가지고 있습니다. 그런데 그 역사를 소개하는 미국 역사박물관에서 저는 부러움을 느껴야만 했습니다. 바로 영웅의 역사를 만들어 내는 미국의 영웅 콘텐츠 생산 능력 때문이었습니다. 미국 역사박물관 곳곳에는 미국이 배출한 역대 대통령을 마치 세계를 구하는 영웅처럼 묘사하고 있었습니다. 미국 대통령의 말과 행동, 철학과 신념을 세계를 구하는 영웅의 자질로 소개하며, 박물관에 방문하는 세계의 수많은 사람들에게 미국이 배출한 영웅들의 역사를 자랑하고 있었습니다.

그뿐만이 아니었습니다. 한번은 미국 역사박물관에서 길게 줄을 선 청소년들을 발견했습니다. 그래서 무슨 특별한 전시가 열리는 것이라고 생각해 그 길고 긴 줄에 합류했습니다. 긴 대기 시간을 지나 전시관 바로 앞에 다다르자 순간 어안이 벙벙했습니다. 미국의 청소년들이 장시간 줄을 서서 기다리는 전시관은 다름 아닌 미국 대통령이 되어 보는 체험관이었습니다. 'You be the President', 즉 '당신이 바로 대통령'이라는 체험관은 청소년이 자기가 원하는 대통령이 되어볼 수 있는 곳이었습니다. 무대에 나가 단상 위에 올라가면 그곳에는 역대 대통령 이름이 적힌 버튼이 줄지어 있고, 자기가 원하는 버튼을 누르면 그 대통령에 관한 다양한 정보들이 쏟아져 나왔습니다.

예를 들어, 케네디 대통령이라고 쓰인 버튼을 누르는 순간, 무대 뒤에 케네디 대통령의 실제 취임식의 장면이 영화처럼 나타납니다. 수많은 미국 시민들 앞에서 케네디 대통령이 단상 위에 등장하고, 취임식에서 했던 연설문이 보이면 무대에 선 청소년이 읽으며 연설할 수 있는 장치가 나타납니다. 청소년이 눈앞에 보이는 케네디 대통령의 취임 연설문을 낭독하기 시작하면 어느새 무대에 선 청소년의 뒤는 실제 케네디 대통령 취임식으로 전환이 됩니다. 그 순간 무대 위의 청소년은 케네디 대통령이 되어 웅장하게 연설하는 역사의 주인공이 됩니다. 그리고 자신의 자녀가 미국의 대통령이 되고 세계를 향해 비전을 밝히는 모습을 부모들은 응원하고 친구들은 사진을 찍으며 격려합니다.

미국의 대통령이 되어 세계를 변화시키는 꿈을 체험하기 위해서 저렇게 수많은 미국의 청소년들이 길게 줄을 서고 끊임없이 "나에게는 꿈이 있습니다. 나는 미국의 대통령이 되어 장차 미국을 변화시키며 세계를 구하겠습니다."라며 외치는 것을 볼 때마다 한국에서 밤늦게까지 목적 없이 공부하는 학생들의 모습이 아른거렸습니다.

한국에서 청소년들이 수능공부에 몰입하고, 대학생들은 취업에 올인하며, 취업한 직장인은 승진에 올인할 때, 미국의 청소년들은 보다 큰 꿈을 꾸며 지내고 있습니다. 미국의 청소년들이 대학과 직장을 넘어 세상을 변화시키는 지구촌의 영웅이 되는 큰 꿈을 꾸는 것을 볼 때마다 무척 가슴이 아팠습니다. 한국의 청소년들이 바로 옆자리에 함께 공부하고 있는 친구를 인생의 적으로 생각하며 명문대에 진학하기 위해서는 바로 옆에 있는 친구를 이겨야지만 내가 성공할 수 있다고 생각할 때, 미국의 역사박물관에서 대통령이 되기 위해 길게 줄을 선 수많은 미국의 청소년들은 자신들의 꿈을 세계를 변화시키는 영웅으로 설정하고 있다는 사실이 부러웠습니다.

자신들의 꿈을 가로막고 있는 인생의 적은 수업시간에 함께 공부하고 있는 바로 옆 친구가 아니라 지구촌의 빈곤문제, 테러문제, 지구온난화문제, 인권문제라며 세상을 구하기 위해 큰 꿈을 꾸며 나아가는 미국의 청소년들이 행진이 부러웠습니다. 더 나아가 한두 명의 영웅들을 키워내는 것이 아니라 수많은 청소년들에게 미국의 대통령의 말과 꿈, 행동을 품게 해 영웅들을 배출하는 시스템을 구축하는 미국의 힘은 제게 부러움과 충격으로 다가왔습니다.

할리우드 영화에서 세계를 구하는 주인공으로 미국인이 등장하는 것은 위대해 보이지 않습니다. 그것은 돈만 있으면 누구나 만들 수 있는 영화이기 때문입니다. 하지만 미국의 역사박물관에서 만들어지고 있는 꼬마 영웅들의 행렬, 미국의 대통령이 되어 세계를 구하는 영웅이 되겠다는 큰 꿈을 품은 청소년들의 행렬은 위대해 보였습니다. 결코 돈으로 만들 수도, 인위적으로 조작할 수 있는 것도 아니기 때문입니다. 언젠가 미국의 대통령이 되기 위해 저렇게 매일 길게 줄을 서고 있는 청소년들이 수십 년 후 정말 미국의 대통령이 되어 세계를 구하는 주인공으로 지구촌 곳곳의 문제를 해결하기 위해 나아갈 것이기 때문입니다. 설사 미국의 대통령이 되지는 못한다 할지라도 대통령 이상으로 영향력을 발휘하는 세계적 정치인, 경제인, 문화 예술인이 되어 사회 각 분야에서 세계를 구하는 영웅이 될 것이기 때문입니다.

미국 역사박물관에서의 문화적 충격은 바로 한국에 돌아와서 한국의 청소년과 청년들이 세계를 변화시키는 월드 체인저로 성장할 수 있는 시스템을 구축해야겠다는 꿈으로 이어졌습니다. 비록 현재 한국에는 미국의 역사박물관과 같은 곳은 없지만, 앞으로 한국의 청소년들이 스스로 세계를 구하는 영웅이 될 것을 다짐하며 꿈을 꿀 수 있는 시스템을 함께 만들어 나갈 수 있을 거라 믿습니다.

 지구촌 촌장학교 실천 활동

여러분이 만약 교육부 장관이라면 한국의 청소년들을 세계를 변화시킬 수 있는 리더로 만들기 위해서 어떤 프로젝트를 추진하고 싶은가요?

CNN '올해의 영웅'이 되는
꿈을 꾸어라

CNN에서 방송하는 '올해의 영웅-올스타 대전'에 대해 들어본 적 있으시나요? 앞으로 10년 후, 세계를 바꿀 영웅은 누구일까요? 우리도 올해의 영웅이 될 수 있을까요?

CNN에서 매년 주최하는 '올해의 영웅-올스타 대전(CNN Heroes: An All-Star Tribute)'은 2007년부터 매년 12월 방송을 통해 '영웅 후보자'를 모집하고 시상하는 행사입니다. 매년 연말이 되면 CNN 방송은 화려한 무대 위에 당당히 선 올해의 영웅들의 모습과 영웅들의 탄생 이야기를 방송과 인터넷을 통해 전 세계에 알리기 시작합니다. 상금 또한 풍성합니다. '올해의 영웅'으로 선정된 10인에게는 각각 5만 달러의 상금이 지급되었고, 이들 가운데 전 세계 네티즌 투표로 선정된 최고의 영웅에게는 25만 달러가 추가로 지급되었습니다. 즉 매년 세계를 구한 지구촌 영웅에게는 한국 돈으로 약 30억이란 큰 상금이 주어지는 셈입니다.

그런데 재미있는 것은 CNN이 선정한 지구촌 영웅의 조건, 이른바 영웅이 될 수 있는 자격입니다. 미국의 유명 방송국에서 진행하는 행사이기에 때문에 미국 관점에서 선정한 지구촌의 영웅이라면 오바마 미국 대통령과 같은 국제사회에 큰 영향을 미치는 정치인이라든지, 수 조원을 아프리카 빈곤퇴치를 위해 기부한 미국인 기업가 빌 게이츠 혹은 미국의 스포츠 스타나 할리우드 배우 같은 사람들이 지구촌의 영웅으로 선정이 되지 않을까 생각했습니다.

저는 바로 CNN에서 과거에 선정된 올해의 영웅 웹사이트를 클릭해 보았습니다. 2007년에 선정한 54명을 시작으로, 2008년 30명, 2009년 28명, 2010년 25명, 2011년 24명, 2012년 24명 등 약 200여 명의 프로필과 영웅들의 이야기들이 소개되어 있었습니다. 그런데 역대 지구촌의 영웅들의 프로필을 하나하나 읽어보니 전혀 제 생각과는 다른 영웅들이 소개되어 있었습니다.

우선 CNN이 선정한 영웅의 자격은 '미국만의 영웅'이 아니라 '지구촌의 영웅'이었습니다. 위대한 영웅 만들기를 좋아하는 미국 문화의 특성상 미국인만을 대상으로 영웅을 뽑는 것이라고 생각하기 쉽지만 전 세계인을 대상으로 영웅들을 선정하고 있었습니다. 또한 거창한 슬로건과 비전을 내세우며 세상을 구하기 위해 하늘의 특별한 능력을 받아 태어난 영웅을 거부하고 있었습니다. 할리우드 영화에 등장하는 슈퍼맨이나 베트맨처럼 특별한 능력을 가진 위대한 '카리스마적 영웅'은 아예 후보에 오르지도 못했습니다. 대신 우리 주변에서 흔히 볼 수 있는 평범한 외모와 능력을 가진 '소박한 영웅'들을 찾고 있었습니다.

무엇보다 CNN은 지구촌의 영웅처럼 온 세계를 구하기 위한 '만인의 영웅'이 아니라 자기 주변 한 사람 한 사람의 어려운 상황을 구하기 위해 등장한 '이웃의 영웅'을 선정하고 있었습니다.

그런데 CNN 사이트에 선정된 200여 명의 영웅들의 프로필을 보면서 문득 두 가지 의문이 들었습니다.

첫째는 왜 한국인이 CNN 영웅에 선정되지 못했을까 하는 것이었습니다. 직업병일까요? 제가 한국을 세계에 알리는 사이버 외교사절단 반크에서 일하는 경력 때문인지 몰라도 2006년부터 2012년까지 7년 동안 CNN에서 약 200여 명의 지구촌 영웅들을 선정하는 동안 리스트에 오른 한국인은 단 한 명도 없었다는 사실이 이상했습니다. 왜일까요? 한국에는 영웅이 진짜 없기 때문일까요? 아니면 CNN의 정보력이 한국의 숨은 영웅을 발견하는 데 미치지 못하기 때문일까요?

둘째는 왜 미국의 한 케이블 방송에서 전 세계를 대상으로 영웅을 선정하는 것일까에 대한 의문이었습니다. 누가 미국인들에게 세계를 구하는 영웅들을 선정할 수 있는 '세계적인 공적 권위'를 주었을까요? 전 세계의 국가지도자들이 지구촌의 문제를 해결하기 위해 합의해서 만든 유엔이라면 그럴 수도 있겠지만, 왜 CNN에서 이런 일을 하는 걸까요?

그런 궁금증이 생기면서도 한편으로는 미국의 한 방송국에서 전 세계인을 대상으로 영웅을 선정하고, 이에 대해 전 세계인들은 아무런 반감 없이 기꺼이 그들의 공적 권위를 인정하며 참여한다는 사실이 부러웠습니다.

그렇다면 우리는 어떻게 할 수 있을까요? 어떻게 하면 한국 청년들이 CNN이 선정한 지구촌 영웅에 포함될 수 있을까요? 어떻게 하면 한국 또한 전 세계를 대상으로 지구촌을 구한 영웅을 선정하고, CNN처럼 세계인들의 전폭적인 지지와 참여를 이끌어낼 수 있을까요?

한국 청년들의 생각의 크기를 좁은 한반도의 틀을 벗어나게 하고, 이를 발판으로 전 세계를 경영할 수 있도록 하는 방법이 없을까요? 한반도라는 우물에서 벗어나 지구촌이라는 전 세계적 영역으로 생각의 크기를 키울 수 있는 프로젝트는 어떤 것이 있을까요?

저는 한국의 청소년이 저와 함께 이런 일을 하기를 원합니다. 그래서 언젠가 미국 CNN 올해의 영웅 사이트에 한국 청년들의 이름과 국적이 당당하게 등재되기를 원합니다. 또한 한국의 청년들이 CNN을 능가하는 '세계적인 공적 권위'의 기관을 세워 지구촌을 변화시키는 영웅들을 발굴하고 시상하길 원합니다. 그래서 한국의 청년들이 한반도를 넘어 동북아를 경영하고, 아시아를 움직이며, 그보다 넓은 지구촌을 바꾸어 나가길 꿈꿉니다.

 지구촌 촌장학교 실천 활동

CNN 올해의 영웅 사이트(http://edition.cnn.com/SPECIALS/cnn.heroes/)에서 지난 해 올해의 영웅으로 선정된 인물이 누구인지, 그 이유는 무엇인지 조사해 보세요.

세계지도를 늘 곁에 두어라

여러분은 어떤 세계지도를 보고 계시나요? 여러분이 보는 세계지도에 따라 여러분의 미래와 한국의 미래 나아가 지구촌의 미래까지 바뀔 수 있다는 생각을 해본 적이 있나요?

약 500년 전, 일본의 한 지도자가 보았던 세계지도가 한국과 동북아시아에 엄청난 재앙을 가져왔습니다. 바로 임진왜란에 관한 이야기입니다. 임진왜란은 1592년부터 1598년까지 당시 조선을 침략한 일본과의 전쟁입니다. 임진왜란은 한국과 일본의 전쟁을 넘어 동아시아 한·중·일 3국의 국제전쟁이라 말하기도 합니다. 총과 칼로 무장한 수많은 일본군이 한국을 침략하고 중국 또한 이 전쟁에 참여하면서 수많은 사상자가 발생했고 한·중·일 모두 엄청난 국가적 피해를 발생시킨 비극적인 전쟁입니다.

그런데 이 임진왜란을 기획하고 일으켰던 '도요토미 히데요시'가 전쟁을 준비하면서 손에 쥐고 있던 부채가 있습니다. 일명 '도요토미 히데요시의 황금부채'라고 불리는 것입니다. KBS 1 TV 다큐드라마 '임진왜란 1592'에는 '도요토미 히데요시의 황금부채'가 등장합니다. 이 부채의 한쪽 면에는 한국과 중국, 일본의 영토가 표기된 동아시아 지도가 그려져 있었습니다. 당시 일본을 통일한 도요토미 히데요시는 조선을 침략한 후 중국 명나라를 정벌하고, 인도까지 진출할 꿈을 품고 있었습니다. 그런 자신의 야망을 매일 상기시켜 주고 각인시켜 준 세계지도가 바로 그가 휴대한 황금부채인 것입니다.

도요토미 히데요시는 임진왜란 직전에 침략을 준비하면서 세계지도를 보며 동북아시아를 지배하고 정복할 야망을 품었고, 또 자신의 야망이 담긴 세계지도를 침략전쟁을 수행할 그의 일본 부하장수들에게도 나누어 주었습니다. 결국 그와 그의 부하 장수들이 본 세계지도는 동북아시아를 정복하려는 그의 야망에 불을 질렀고 결국 동북아시아에 엄청난 비극과 재앙을 가져오게 되었습니다.

황금부채에 그려진 동아시아 세계지도가 동아시아를 침략하려는 도요토미 히데요시의 가슴에 불을 지폈다면 대항해시대 때 유럽에서 제작된 세계지도는 수많은 유럽인들이 아프리카와 아시아 국가를 침략하고 지배하려는 야심에 불을 지폈습니다. 대항해 시대는 15세기부터 17세기까지 유럽의 나라들이 새로 발견된 바닷길을 통해 유럽을 벗어나 세계의 새로운 땅을 찾아 항해하던 시대를 말합니다. 이 시기는 포르투갈, 스페인이 아프리카와 남미를 식민화하고, 네덜란드, 영국과 전세계 바다의 패권을 경쟁하던 때였는데 신기하게도 대항해시대 유럽인들에 의해 제작된 세계지도를 살펴보면 아시아와 아프리카 대륙 곳곳에 황금과 다양한 귀중품들이 그려져 있다고 합니다.

이런 왜곡된 세계지도가 결국 아시아와 아프리카에 황금과 값비싼 귀중품이 넘쳐난다는 인식을 유럽 사회 전반에 확산시켰고, 이는 다시 유럽인들로 하여금 적극적으로 아시아와 아프리카로 진출해서 식민지를 만들겠다는 그릇된 야심에 불을 지피게 된 것이 아닐까 생각을 해봅니다.

　이처럼 세계지도에 어떠한 내용이 담겨 있고, 어떤 관점으로 세계지도를 바라보는가에 따라 한 나라의 미래와 지구촌의 미래가 바뀔 수 있습니다. 세계지도는 그 시대를 살아가는 사람들의 마음을 담고 있기에 청소년들이 세계지도를 제대로 보는 것이 무엇보다 중요합니다.

　자, 그럼 이제 여러분의 머릿속에 세계지도를 떠올려 보세요. 그 지도에서 가장 큰 대륙은 어디인가요?

　실제로 미국의 한 학교에서 교사가 학생들에게 위와 같은 퀴즈를 냈는데, 대부분의 미국 학생들이 자신들이 살고 있는 북아메리카 대륙을 세상에서 가장 큰 대륙으로 생각하고 있었다고 합니다. 이외에도 러시아, 유럽, 아시아 순으로 답했다고 합니다. 하지만 실제 대륙 크기 순위는 1위가 아시아, 2위가 아프리카, 3위는 북아메리카 4위는 오세아니아 대륙입니다.

　여기서 주목할 점은 아프리카 대륙에 대한 인식입니다. 아프리카 대륙은 세계에서 두 번째로 큰 대륙임에도 일반적으로 학생들은 아프리카를 그렇게 큰 대륙으로 인식하지 못하고 있었습니다.

　아프리카 대륙은 실제 우리가 알고 있는 크기 이상으로 큽니다. 미국, 중국, 인도, 멕시코, 페루, 프랑스, 스페인, 스웨덴, 독일, 노르웨이, 이탈리아, 뉴질랜드, 영국, 네팔, 방글라데시, 그리스 등의 나라를 다 합쳐도 아프리카 대륙보다 작습니다. 그렇다면 아프리카 대륙은 왜 많은 사람들에게 실제보다 작은 대륙으로 인식되고 있는 것일까요?

　그 이유는 지금 전 세계 청소년들이 보는 세계지도가 유럽 중심으로 제작이 된 메르카토르 도법으로 그려진 것이기 때문입니다. 메르카토르 도법은 벽지도에 많이 사용되는 도법으로, 경선의 간격은 고정되어 있으나 위선의 간격을 조절하여 각도 관계가 정확하도록 만든 도법입니다. 원형의 지구를 평면의 세계지도로 옮겨 그리다보니 극지방에 가까운 대륙이 상대적으로 적도에 가까운 대륙보다 커지는 근본적인 왜곡을 안고 있습니다. 따라서 적도에서 멀어질수록 축척 및 면적이 크게 확대되기 때문에 위도 80~85° 이상의 지역에선 사용하지 않고, 항해용 지도로 많이 사용되어 왔습니다. 이 도법에는 아프리카 대륙의 크기가 실제보다 작게 그려져 있습니다.

그런데 이 도법으로 그려진 지도는 유럽 제국주의 국가들의 시각이 반영되었다는 평가를 받고 있습니다. 즉 과거 유럽 제국주의 국가들이 아프리카를 식민지하고 지배했기 때문에 아프리카의 존재를 상대적으로 축소시키려는 의도가 반영되어 있다는 것입니다. 이렇게 제국주의 편견이 들어 있고 극지방에 가까운 대륙이 실제보다 커지게 되는 지도의 한계를 극복하고자 최근 '로빈슨 도법'이 점차 세계지도에 확산되고 있습니다.

'로빈슨 도법'은 유명한 지도학자 로빈슨의 이름을 딴 도법으로 세계지도에 있는 대륙과 국가의 크기를 실제 크기와 비슷하도록 그리는 방법입니다. 최근 한국의 국립지리원에서 발행하는 한국지도 및 세계지도 출판사들도 로빈슨 도법의 지도를 발행하고 있습니다. 로빈슨 도법으로 아프리카 대륙을 보면 과거 우리가 알던 세계지도와는 달리 아프리카 대륙의 실제 크기를 제대로 볼 수 있습니다.

청소년 여러분이 전 세계 국가들의 실제 크기를 제대로 보고 싶다면 '더트루사이즈닷컴(http://thetruesize.com)'을 방문해 보세요. 이 사이트에서는 여러분이 지정한 나라와 세계지도 상에 있는 다른 모든 나라와의 영토 크기를 비교하여 볼 수 있습니다.

사이버 외교사절단 반크 또한 지구촌을 변화시키는 데 앞장서고자 새로운 세계 지도를 제작하는 데 동참하고 있습니다. 반크는 도요토미 히데요시가 동아시아를 침략하기 위해 바라본 세계지도가 아닌, 대항해시대 유럽 사람들이 제국주의 정책으로 아시아, 아프리카를 지배하기 위해 바라본 세계지도가 아닌, 21세기 한국의 청소년들이 장차 지구촌 문제를 해결하고 세상을 변화시키기 위해서 앞장서기 위한 꿈을 주는 지도를 만들었습니다.

이 세계지도의 이름은 'SDGs 세계지도'입니다. 반크가 만든 세계지도는 유엔이 제시한 지속가능개발목표(Sustainable Development Goals, SDGs)에 관한 설명과 함께 SDGs 달성을 위해 한국의 청소년과 청년들이 앞장서겠다는 의지를 담고 있습니다. SDGs는 지구촌의 빈곤, 교육 불평등, 질병, 인권, 환경오염 등 인류가 직면한 문제 해결을 위해 유엔에서 2015년에 채택한 의제로, 2030년까지 이행하며 17개의 목표, 169개의 세부 목표, 230개의 지표를 담고 있습니다.

반크가 SDGs 세계지도를 제작한 이유는 한국의 청소년들이 이 지도를 통해 21세기 지구촌의 가장 시급한 문제인 SDGs를 해결하는 꿈을 품고, 이를 통해 더 나은 지구촌을 만드는 데 나서면 세계인들은 21세기 세계를 변화시키는 국가로 한국을 떠올리게 될 것이라고 생각하기 때문입니다.

무엇보다 우리나라는 1950년 6·25전쟁 직후 국제사회로부터 도움을 받은 가장 가난한 나라에서 이제는 도움을 주는 나라로 바뀐 유일한 나라이기 때문입니다. 따라서 유엔에서는 우리나라가 SDGs 달성에 앞장서 글로벌 이슈를 주도해나가길 기대하고 있습니다. 하지만 막상 우리나라에는 SDGs에 관한 교육 자료가 부족한 상황입니다.

따라서 반크는 한국의 청소년과 청년들이 이 지도를 통해 지구촌의 당면한 문제가 무엇인지를 알고, 지구촌 문제 해결에 적극적으로 참여할 수 있길 바랍니다. 이와 관련한 자세한 이야기는 뒷장에서 다시 이야기하도록 하겠습니다.

청소년 여러분! 여러분의 마음속에는 어떤 세계지도가 그려져 있나요? 만약 여러분이 세계지도를 발행하는 지도 기획자라면 어떤 세계지도를 기획해서 한국의 청소년들에게 나누어 주고 싶나요? 여러분의 생각과 한국 청소년들의 마음속에 품은 세계지도가 미래 한국과 지구촌의 모습일 수도 있습니다.

 지구촌 촌장학교 실천 활동

1. 더트루사이즈닷컴 사이트(http://thetruesize.com)에서 검색란에 한 국가를 선정한 후 지구촌 다른 나라와 영토 크기를 비교해 보세요.

2. 반크가 제작한 SDGs 세계지도(http://wisdom.prkorea.com)를 보고 느낀 점을 주변 친구들과 나누어 보세요.

3. '메르카토르 도법'과 '로빈슨 도법', 그 외 다른 도법으로 제작된 세계지도를 인터넷으로 검색해 보고 각 도법으로 제작된 지도의 특징을 비교해 보세요.

4. 여러분이 지도 제작자라면 어떤 주제로 지도를 만들고 싶은지 이야기해 보세요.

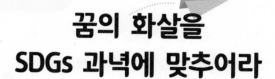

꿈의 화살을
SDGs 과녁에 맞추어라

    미래 지구촌 촌장이 되고자 하는 한국의 청소년들이라면 세계인들이 희망하는 지구촌의 미래가 무엇인지를 머릿속에 그릴 수 있어야 하고, 지구촌의 더 나은 미래를 향해 도전하고 노력할 때 비로소 지구촌 촌장이 될 수 있을 거라 생각합니다.

    청소년 여러분의 꿈은 어느 곳을 향해야 할까요? 꿈의 화살을 쏠 수 있는 방향은 너무나 다양합니다. 그렇다면 더 나은 지구촌을 향한 SDGs를 과녁으로 하여 화살을 쏘아보는 건 어떨까요? 무엇보다 여러분의 꿈이 SDGs를 이루기 위해 노력한다면 스스로의 미래를 위해서도 도움이 됩니다.

    2015년 9월 UN에서 각국의 정상들이 한자리에 모여 2030년 달성을 목표로 지구촌 문제 해결과 더 나은 지구촌의 미래를 위한 〈지속가능한 개발 목표 : SDGs〉

를 발표했습니다. SDGs는 지구촌 빈곤문제, 교육불평등, 질병, 인권, 환경오염 등 인류가 직면한 문제 해결을 위한 17개의 목표와 169개의 세부 목표로 구성 되어 있습니다. 앞으로 UN 및 전 세계 국가들은 SDGs라는 목표를 향해 전 세계 적으로 다양한 글로벌 프로젝트를 추진하게 될 것입니다.

바로 여기에, 대한민국 청소년들이 세계를 변화시키는 위대한 기회와 도전이 있다고 생각합니다. 한국 청소년들이 〈지속가능한 개발 목표: SDGs〉 달성을 주도함으로서 더 나은 지구촌을 향해 나서게 되면 세계인들은 21세기 세계를 변화시키는 국가로 한국을 바라보게 될 것이기 때문입니다.

지구촌에는 어떤 문제들이 존재하고 있을까요? SDGs의 목표를 들여다보면 교육불평등, 질병, 인권, 환경오염 등 인류가 직면한 지구촌 문제를 더욱 구체적으로 알 수 있습니다. SDGs에 관련된 다양한 자료는 지속가능발전 포털(http://ncsd.go.kr)과 유엔 SDGs 소개 포털(https://sustainabledevelopment.un.org)에서 한글과 영어로 자세히 볼 수 있습니다. 여기서는 SDGs의 17개 목표에 담긴 꿈을 살펴보도록 하겠습니다.

SDGs 1_ No Poverty
모든 형태의 빈곤 종식

지속가능한 개발 목표의 가장 중요한 것은 모든 형태의 빈곤을 뿌리 뽑는 것입니다. 빈곤은 단순히 먹을 것이 없어서 굶주린 상태만을 뜻하지 않습니다. 빈곤은 다양한 모습으로 찾아오는데, 환경이 척박하거나 오염되어 먹을 것을 생산할 수 없어 식량이 부족할 수도 있고, 돈이 없어 빈곤할 수도 있습니다. 돈이 없는 이유도 다양할 수 있습니다. 일을 열심히 했지만 일한 만큼 대가를 받지 못해 돈이 없을 수도 있고, 몸이 건강하지 못해 일을 할 수 없거나 혹은 교육을 받지 못해 더 많은 돈을 벌 수 있는 직업을 구하지 못해서일 수도 있습니다.

이처럼 빈곤이라는 것 하나를 해결하기 위해서는 단순히 먹을 것을 전해주는 것으로는 충분하지 않습니다. 개인과 공동체 그리고 지구촌까지 다양한 범위에서 식량, 보건, 환경, 기술, 교육 등 다양한 영역에서의 빈곤의 원인을 찾아 함께 해결하기 위한 노력이 필요합니다. 75억 지구촌 시민 중 어느 한 사람도 소외되지 않고 함께 행복할 수 있는, 지속 가능한 발전을 이루어나가기 위한 꿈이 바로 SDGs의 첫 번째 목표에 담겨 있습니다.

SDGs 2_ ZERO HUNGER

기아의 종식, 식량 안보 및 영양 개선과 지속가능한 농업 강화

식량의 부족 혹은 영양 부족으로 인해 어려움을 겪는 사람들의 삶을 개선하기 위한 바람이 담긴 목표입니다. 전 세계에는 지금도 약 8억 명의 사람들이 기아에 허덕이고 있습니다. 매년 650만 명의 어린이가 다섯 살이 되기도 전에 제대로 음식을 먹지 못해 사망하고 있다고 합니다. 그렇기 때문에 SDGs의 두 번째 목표에는 모든 형태의 영양 결핍을 없애고, 식량과 영양 섭취에서 취약한 모든 사람들이 일년 내내 안전하고 영양가 있는 충분한 식량을 얻을 수 있도록 노력해 굶주림 없는 지구촌을 만들자는 꿈이 담겨 있습니다.

SDGs 3_ GOOD HEALTH AND WELL-BEING

건강한 삶의 보장과 모든 세대에 복지 증진

세 번째 목표에는 위협과 위험으로부터 건강과 생명을 지키기 위한 꿈이 담겨 있습니다. 전염성 질병, 비감염성 질병, 약물 오남용, 교통사고에 이르기까지 삶의 위협과 위험 질병들을 예방하고 치료함으로써 모두 함께 건강한 지구촌을 만들기 위한 노력들이 포함되어 있습니다.

SDGs 4_ QUALITY EDUCATION
모두를 위한 포용적이고 공평한 양질의 교육 보장 및 평생 학습 기회 증진

교육은 한 사람의 인생을 변화시키고, 그 사람이 속한 마을과 공동체를 발전시키고, 그 변화를 통해 더 행복한 지구촌을 만들 수 있는 힘입니다. 교육은 특정인만 누리는 특권이 아니며, 누구에게나 동등하게 주어져야 하는 권리라고 할 수 있습니다.

초등학교, 중학교, 고등학교에서 여러분이 배우고 있는 다양한 내용들처럼 삶을 살아가는 데에 있어 기본 지식이 되는 기초 교육을 통해 자신의 꿈을 키우고, 특정 직업을 얻기 위해 기술을 익히는 직업 교육을 통해 빈곤에서 벗어나고, 75억 명의 사람들이 살아가고 있는 지구촌의 다양한 이야기를 통해 지구촌을 향한 꿈을 키울 수 있는 세계시민교육으로 한 사람 한사람이 지구촌을 변화시키는 주인공이 될 수 있습니다. 이러한 다양한 교육들을 세계인 모두가 소외되지 않고, 공평하게 받을 수 있도록 노력하자는 꿈이 담긴 목표가 바로 네 번째 목표입니다.

SDGs 5_ GENDER EQUALITY
성평등 및 모든 여성과 여아의 역량 강화

다섯 번째 목표는 여성의 인권을 지키기 위한 내용으로, 여성과 여자아이를 대상으로 한 차별과 억압을 없애야 한다는 내용이 담겨 있습니다. 여전히 지구 건너편에는 여성과 여자아이에 대한 차별이 존재하고 있습니다. 여자아이는 교육을 받지 못하게 하거나, 어린 나이에 강제로 결혼을 하게 만드는 등 비인간적이고 비윤리적인 모습들도 존재합니다. 앞으로는 정치, 경제, 사회 등 다양한 분야에서 여성이 남성과 동등하게 활동할 수 있고, 평등한 대우를 받고 인간으로서 마땅히 누려야 할 권리를 가질 수 있도록 노력하자는 꿈이 담긴 목표입니다.

SDGs 6_ CLEAN WATER AND SANITATION
모든 사람들의 식수와 위생시설에 대한 접근성과 관리 능력 확보

오염된 더러운 물조차 너무나 귀중한 사람들이 있습니다. 6억 명이 넘는 사람들은 깨끗한 물을 마시지 못하고 있습니다. 그중 거의 절반이 아프리카에 살고 있습니다. 물이 부족해 아프리카의 여성과 어린이들은 매일 수 킬로미터를 걸어 다녀야 합니다. 물을 길어오기 위해 아이들은 학교에 갈 수 없고, 무거운 물동이 때문에 아이들의 등뼈가 휘고 척추가 다치기도 합니다. 오염된 물로 인해 수인성 전염병에 걸리기도 합니다. 그렇기 때문에 안전한 위생시설을 갖추고, 깨끗한 물을 마실 수 있는 것은 생각보다 많은 영역에서 삶을 변화시킬 수 있습니다. 물을 길어오기 위해 학교에 가지 못하던 아이들이 공부를 할 수 있게 되고, 여성들은 다른 일을 할 수 있는 시간이 생기기 때문입니다. 뿐만 아니라 오염된 물로 인한 전염병을 막을 수도 있습니다. 2050년에는 전 세계의 2/3가 물 부족을 겪게 된다고 합니다. 여섯 번째 목표에는 깨끗한 물, 현대적 관계시설 확보를 통해 더욱 건강한 삶을 살아나가기 위한 꿈이 담겨 있습니다.

SDGs 7_ AFFORDABLE AND CLEAN ENERGY

**모두를 위한 적정한 가격의 신뢰성 있고 지속가능한 현대적 에너지에 대한
접근성 강화**

전 세계 사람 중 백만 명이 넘는 사람들이 여전히 전기가 제대로 들어오지 않는 곳에서 생활하고 있습니다. 그리고 전 세계의 3백만 명이 넘는 사람들이 공해를 일으키며 건강을 해치는 연료를 이용해 생활하고 있습니다. 일곱 번째 목표에는 에너지와 연료 기술로부터 소외된 사람들과 더불어 환경에 유해하지 않은 청정한 친환경 에너지 개발과 사용 확대를 통해 환경을 보호하기 위한 꿈이 담겨져 있습니다.

SDGs 8_ DECENT WORK AND ECONOMIC GROWTH

**포괄적이며 지속가능한 경제 성장과 완전하고 생산적인 고용,
그리고 모두를 위한 양질의 일자리 제공**

진정한 경제 성장은 자본가와 노동자, 소비자와 지역사회, 지구촌 환경까지 모두 함께 성장을 이룰 때 지속가능합니다. 차별 없이 모두를 위한 양질의 일자리를 제공하고, 노동의 강도와 양에 비례해 적정한 임금이 지불되고, 정당하게 일을 지속할 수 있는 경제 환경이 마련된다면, 경제 활동에 참여하는 모든 주체가 함께 더불어 성장할 수 있을 것이라는 꿈이 담긴 목표입니다.

SDGs 9_ INDUSTRY, INNOVATION AND INFRASTRUCTURE

회복(복원) 가능한 인프라 건설, 포용적이고 지속가능한 산업화 및 혁신 촉진

아홉 번째 목표에는 경제 성장 및 발전을 위해 기본적으로 갖춰야 할 것들 중에

서도 가장 중요한 사회 기반 시설 확충, 산업화와 혁신에 대한 내용이 담겨 있습니다. 특히 사회 발전과 경제 성장을 위한 기초 시설들이 부족한 개발도상국과 저개발국에 대해서 사회기반시설이 구축될 수 있도록 하고, 꾸준히 개발될 수 있도록 연구를 진행하자는 내용이 강조되어 있습니다. 뿐만 아니라 여러분이 너무도 쉽고 빠르게 사용하는 인터넷과 같은 정보통신기술에 대한 접근이 모두에게 이뤄질 수 있도록 노력하자는 내용도 담겨 있습니다.

SDGs 10_ REDUCED INEQUALITIES
국내적 또는 국가 간 불평등 경감

우리의 생활 속에서 혹은 우리나라 안에서도 함께 세심히 살펴봐야 할 문제들이 있습니다. 연령, 성별, 장애여부, 국가, 인종, 민족, 출신, 계층, 종교 및 기타 어떠한 지위에도 상관없이 차별받지 않고 평등하게 대우받으며, 인간으로서 마땅히 누려야할 권리를 누릴 수 있도록 하기 위해 열 번째 목표가 만들어졌습니다. 또한 국가와 국가 사이에서도 국가의 경제력, 정치력과 관계없이 차별 없는 교류를 통해 함께 꿈을 키워가자는 마음이 담겨 있습니다.

SDGs 11_ SUSTAINABLE CITIES AND COMMUNITIES
회복력 있고 지속가능한 도시와 거주지 조성

급격한 도시화로 인해 생기는 문제들을 지혜롭게 해결하기 위해 마련된 목표입니다. 교통문제, 주택난, 도시 쓰레기 처리 문제 해결 등 도시화 문제를 예방하고 해결해 건강한 도시를 만들기 위한 꿈이 담겨 있습니다. 뿐만 아니라 세계의 문화유산, 자연유산을 보호하고 보존해 후손에게 온전히 그 가치를 물려주자는 꿈도 담겨 있습니다. 빈곤, 질병, 인권 등의 지구촌 문제들로 인해 잃어버리거나 잊혀진 지역 고유의 역사 문화적 정체성과 유산의 가치를 다시 발굴하고 찾는 것도 중요합니다. 안전하고 건강하며 문화적으로도 풍요로운 도시 안에서 개개인의 삶도 더욱 풍요로워질 수 있다는 믿음이 이 목표에 담겨 있습니다.

SDGs 12_ RESPONSIBLE CONSUMPTION AND PRODUCTION
지속가능한 소비와 생산 양식의 보장

경제 성장을 위한 무분별한 환경 개발과 기업의 생산 활동은 지구촌 환경에 대한 막대한 악영향을 끼쳐왔습니다. 기업 활동, 경영 활동이 환경 보호, 보존과 함께 갈 수 있도록 환경에 대한 영향을 생각하며 피해를 최소화할 수 있는 경제활동에 대한 내용을 담고 있습니다.

SDGs 13_ CLIMATE ACTION
기후 변화와 대응

기후 변화는 지구촌의 지속가능한 발전에 있어 가장 큰 걸림돌 중 하나입니다. 2000년부터 2013년 사이에 일어난 태풍, 가뭄, 홍수 등으로 인한 자연재해로 무려 8만 3천 명이 숨졌고, 2억 명이 넘는 사람들이 피해를 입었어요. 기후 변화는 자연재해 그 자체로도 매우 위험하고 심각한 문제를 만들지만, 그것뿐만 아니라 농작물 피해, 경제 불안, 질병 등의 피해들도 함께 일어나는 경우가 많습니다. 이처럼 기후 변화로 인한 피해는 전 지구적으로 매우 광범위하고, 그 정도를 예측하기 무척 어렵습니다.

무엇보다 피해를 막을 수 있는 경제적인 능력도 없고, 피해를 예방하거나 줄일 수 있는 안전장치가 제대로 갖춰지지 않은 지역에 더 심각한 피해가 일어나게 됩니다. 그렇기 때문에 기후 변화와 그로 인한 부정적인 영향을 막기 위해 이 목표가 등장하게 되었습니다.

SDGs 14_ LIFE BELOW WATER
지속가능한 발전을 위한 대양, 바다, 해양 자원의 보호와 지속가능한 이용

해양자원은 특히 해안 근처에서 생활하는 사람들의 삶에 큰 영향을 미칩니다. 2010년을 기준으로 전 세계 인구의 37%가 해안가 근처에서 생활하고 있다고 합니다. 그중에서도 작은 섬나라 개발도상국과 저개발 국가들에는 해양자원을 활용해 경제 발전을 하는 것이 정말 중요합니다. 열네 번째 목표는 해양과 바다의 오염을 막고, 지속적으로 해양자원을 잘 사용할 수 있도록 관리하고 보존하기 위한 꿈이 담겨 있습니다.

SDGs 15_ LIFE ON LAND
육상생태계의 보전, 복원 및 지속가능한 이용 증진, 지속 가능한 숲 관리,
사막화와 토지 파괴 방지 및 복원, 생물 다양성 감소 방지

매년 우리나라 산림 면적의 50% 이상인 3,300만km²의 산과 나무가 사라지고 있고, 23,000여 종의 동식물이 지구상에서 멸망할 위기에 처해 있다고 합니다. 산과 나무를 비롯한 육상 환경을 보존해 산림이 사막으로 변하거나 황폐해지는 것을 막고, 육상 동식물이 멸종하지 않도록 하기 위한 노력이 담긴 목표가 바로 열다섯 번째 목표입니다.

SDGs 16_ PEACE, JUSTICE AND STRONG INSTITUTIONS
**지속가능한 발전을 위한 평화롭고 포용적인 사회 촉진, 사회 접근성 확보,
모든 차원에서 효과적이고 신뢰할 수 있는 포용적인 제도 구축**

열여섯 번째 목표에서는 국가적, 제도적 차원에서는 SDGs를 이루기 위해 어떤 노력을 할 수 있을지를 담고 있습니다. 국가뿐만 아니라 국내에서도 사람들이 함께 약속하고 따를 수 있는 법과 제도, 정책을 만들어 차별 없고 정의로운 사회를 만들자는 꿈이 담겨 있습니다.

SDGs 17_ PARTNERSHIPS FOR THE GOALS
이행 수단과 글로벌 파트너십 강화

혼자 꾸는 꿈은 그저 꿈에 불과하지만, 함께 꾸는 꿈은 현실이 된다고 하죠? SDGs라는 목표를 이루기 위해서도 마찬가지로 혼자만의 노력이 아니라 지구촌 75억 인구가 함께 노력할 때, 그 꿈이 현실이 될 수 있습니다. 개인의 실천에서부터 국가적 노력, 국제적 협력까지 모든 주체가 함께 SDGs를 이루기 위해 노력하자는 내용이 마지막 열일곱 번째 목표에 담겨져 있습니다.

이제 여러분도 지속가능개발목표, SDGs에 참 많은 이야기와 꿈이 담겨 있는 것을 느꼈을 것입니다. 그만큼 우리가 미처 몰랐던 지구촌의 아픔과 문제들이 많이 있다는 뜻입니다. 사람들은 한국의 청소년들이 왜 아프리카 빈곤, 지구온난화, 테러 등 지구촌 문제에 관심이 없고, 지구촌 문제 해결에 앞장서지도 않을까 하며 안타까워하고 있지만, 사실 청소년들이 지구촌 문제에 관심이 없는 것이 아니라 청소년들에게 지구촌 문제에 대해 제대로 된 정보를 제공하지 않은 것이 더 큰 문제입니다. 따라서 한국 청소년들의 열정과 재능, 개개인의 꿈과 진로의 화살이 SDGs

과녁에 맞출 수 있게 길을 안내해 준다면 세상을 변화시키는 데 한국 청소년들이 주인공이 될 수 있을 것입니다.

뒷장에서는 어떻게 하면 SDGs에 대한 인식 및 이해를 높임과 동시에 한국의 청소년이 자신들의 꿈과 진로, 직업 활동을 통해 SDGs 목표 달성의 주인공으로 성장할 수 있을지 이야기 해보도록 하겠습니다.

 지구촌 촌장학교 실천 활동

1. 지속가능발전 포털(http://ncsd.go.kr)과 유엔 SDGs 소개 포털(https://su-stainabledevelopment.un.org)에서 SDGs의 17개 목표들을 조사해 보세요.

2. SDGs 17개 목표 중에서 여러분이 특별이 관심이 있는 목표는 어떤 목표인가요?

3. 여러분이 관심이 있는 목표를 실현하기 위해 여러분이 할 수 있는 것이 무엇인지 생각해 보세요.

4. SDGs 목표 해결에 앞장서고 있는 전 세계 개인과 단체들의 활동을 조사해 보세요.

Day 08

지구촌 문제에 관심을 가져라

1초, 2초, 3초……. 여러분에게 3초는 어떤 의미인가요? 어떤 이에게는 3초는 생일날 케이크 위의 촛불을 끄는 아름다운 시간이지만, 바로 그 시간에 지구촌 반대편에서는 3초마다 한 명씩 어린이가 굶어 죽고 있습니다. 그렇다면 1시간, 2시간, 24시간은 어떤가요? 어떤 이에게는 자신이 해야할 일을 하고, 배불리 먹고, 편하게 휴식을 취하는 시간입니다. 하지만 바로 그 시간에 지구촌 반대편에는 매일 3만 명의 어린이가 굶어 죽고 있습니다.

여러분에게 천 원은 어떤 의미인가요? 여러분에게 천 원은 그저 수업에 필요한 노트 한 권을 살 수 있는 돈에 불과하지요. 하지만 지구 반대편에는 그 천 원으로 하루를 간신히 버티고 있는 10억 명 이상의 사람들이 있습니다.

여러분은 우리의 3초, 우리의 24시, 우리의 천 원이 지구 반대편 누군가에게는 생명이 될 수 있다는 사실을 알고 계셨나요? 21세기 현재 지구촌 75억 인구의 절반이 굶주림으로 고통받고 있다고 합니다. 그런데 정말 믿을 수 없는 사실은 우리는 이 극단적 빈곤을 종식시킬 돈, 지식, 정보, 기술 등 모든 것을 가지고 있다는 사실입니다. 우리에게 부족한 단 한 가지 때문에 지구촌 절반은 굶주림으로 죽어가고 있습니다. 그게 무엇일까요? 바로 지구 반대편에 사는 가난한 사람들에 대한 무관심입니다.

무관심! 지구촌 빈곤문제를 막을 수 있는 열쇠가 엄청난 돈, 최고의 지식, 정확한 정보, 최첨단 기술이 아니라 바로 3초에 한 명씩 죽어가는 생명에 대한 무관심이라는 사실이 우리를 정말 아프게 합니다. 매일 지구 반대편에서 3만 명의 어린이를 죽게하는 그 무시무시한 존재가 전염병, 테러, 총과 칼이 아니라 바로 무관심이라는 사실을 여러분은 기억해야 합니다.

그렇다면 우리가 왜 한국을 넘어 세계 문제에 관심을 가져야 할까요? 특히 아프리카와 개발도상국들의 빈곤문제와 경제문제에 관심을 가져야 할까요? 아마 청소년 여러분 중에는 자신이 한 번도 방문해본 적이 없는 나라의 빈곤에 대해서 왜 관심을 가져야 하는지 궁금해 하는 사람도 있을 것입니다. 또 우리나라에도 어렵고 힘든 사람들이 많은데 왜 다른 나라 사람들을 도와줘야 하는지에 대해서도 이해가 안 되는 청소년도 있을 거예요. 이는 지구촌의 빈곤 등과 같은 글로벌 이슈가 여러분이 사는 대한민국과 직접적인 상관이 없다고 생각하기 때문일 것입니다.

그런데 청소년 여러분, 과연 세계의 문제가 여러분과 관련이 없을까요? 지구촌의 빈곤은 여러분이 태어난 나라, 대한민국과 아주 직접적인 관련이 있습니다. 바로 1950년 지구촌에서 가장 가난했던 나라는 아프리카의 짐바브웨 같은 나라가 아니라 바로 대한민국이었으니까요. 그 대한민국이 불과 50년 만에 세계에서 가장 가난한 나라에서 가장 잘 사는 나라 중 하나로 성장했습니다. 수많은 세계인들의 도움과 한국 사람들의 적극적인 노력으로 2010년 한국은 세계 최초로 원조를 받는 나라에서 원조를 주는 나라로 세계 역사에 기록이 되었습니다. 반세기 만에 세계에서 가장 가난한 나라가 가장 부자인 나라들 중 하나가 된 세계 역사의 유일의 나라이기도 합니다. 약 100년 전 나라를 빼앗겨 일본의 식민지가 되고, 약 70년 전에는 같은 민족끼리 전쟁을 해서 온 나라가 폐허가 된 한국을 아는 세계인들은 이와 같은 사실을 기적이라고 말하기도 합니다.

현재 한국을 향한 국제사회의 기대는 높아지고 있지만, 아직 한국은 그에 대한 부응을 못하고 있습니다. 대한민국은 2010년 기준으로 긴급구호와 구제가 필요한 나라에 재정적 도움을 주기 위한 공적개발원조(ODA)에서 개발원조위원회(DAC) 회원국가 중 최하위를 기록했습니다. 유엔 및 국제기구에서 활동하는 한국인의 숫자 또한 경제 규모에 비하면 현저하게 부족합니다. 심지어 우리나라에도 먹고 살기 어려운 사람들이 많은데 굳이 아프리카 등 어려운 나라에 도움을 주기 위해 돈을 사용할 필요가 없다고 말하는 여론 또한 많습니다. 이처럼 세계 12위의 경제대국, 세계 최초로 원조를 받았던 나라에서 주는 나라로 등극한 화려한 수식어의 이면에는 아직 국제사회 원조에 인색하다는 부끄러운 사실이 숨어 있습니다.

미국의 1달러는 한국에서는 천 원 정도의 가치를 갖고 있습니다. 나라별로 1달러의 가치는 다릅니다. 그렇다면 사람의 생명은, 어린이의 목숨은 나라별로 미국의 1달러처럼 차이가 있을 수 있을까요? 물론 차이가 있는 것이 현실입니다.

만약 한국의 한 초등학교에서 어린이 100명이 배탈에 걸려 설사를 하거나, 1명의 어린이가 행방불명이 되었다면 한국의 모든 신문, 방송은 일제히 보도를 하고 전 국민적인 이슈가 될 것입니다. 그러나 현재 아프리카, 아시아 국가들에서는 수천만 명의 사람들이 빈곤에 허덕이고 있습니다.

빈곤이라고 하면 먹을 것이 없어 굶주리는 모습만을 떠올리기 쉽습니다. 그렇다고해서 단순히 먹을 것을 제공해 주는 것만으로는 지구촌 빈곤문제가 해결되지 않습니다. 빈곤의 원인은 다양하고 복잡한 경우가 많고, 그 원인을 해결하는 노력을 통해 지속가능한 발전을 만들어 갈 수 있기 때문입니다.

그렇다면 지구촌 빈곤문제를 해결하기 위해 우리는 어떤 꿈을 꾸어야 할까요? 새로운 거창한 꿈이 아닌, 여러분의 진로와 적성으로 지구촌 문제 해결에 한발자국 다가 갈 수 있습니다.

경영과 무역에 관심 있는 청소년이라면 이를 통해 지구촌 빈곤 문제를 해결하는 주인공이 될 수 있습니다. 지구촌의 번영을 위해서는 지속가능한 경제 성장은 꼭 이뤄져야할 전제 조건과도 같습니다. 하지만 고용 없는 성장, 확대되는 불평등, 지구환경의 파괴를 그대로 놔두고서는 지속가능한 지구촌의 발전을 이룰 수 없습니다. 진정한 성장은 자본가와 노동자, 소비자와 지역사회, 지구촌 환경까지 모두 함께 성장을 이룰 때 지속가능합니다. 기업의 경영활동과 무역활동으로 빈곤 문제를 해결하는 방법은 경제활동에 참여하는 모든 사람들이 함께 행복할 수 있는 방법을 고민하고, 경제 활동 과정에서 어떻게 함께 이익을 나눌 수 있을지 고민하는 것에서 시작합니다.

빈곤과 질병을 구제하는 경제 분야 지구촌 촌장이 되어 보세요!

세계적인 경제인이 되어 회사 수입의 일정 비율을 가난한 나라를 돕는 데 헌신하는 경영자가 되는 꿈을 꾸어보면 어떨까요? 2011년 2월 마이크로소프트(MS) 창업주인 빌 게이츠 회장이 세계를 깜짝 놀라게 하는 통 큰 기부를 했습니다. 그가 아랍에미리트를 방문해 아부다비의 셰이크 모하메드 빈 자이드 알나하얀 왕세자를 만나 어린이 소아마비 퇴치를 위한 백신 접종 사업에 총 1억 달러를 쾌척하기로 했다는 소식이 지구촌 곳곳에 퍼져나갔습니다.

그뿐만이 아닙니다. 그는 스위스 다보스에서 열린 세계경제포럼에서 데이비드 캐머런 영국 총리와 만나 영국 정부가 6,200만 달러를 소아마비 퇴치를 위해 기부하도록 합의를 이끌어 내기도 했습니다. 그가 설립한 '빌&멜린다 게이츠 재단'은 그동안 연간 2억 달러를 소아마비 퇴치를 위해 기부해왔으며, 2011년에는 1억 200만 달러를 추가로 기부할 방침이었다고 합니다. 그는 기업을 경영하면서 얻는 막대한 이윤을 지구촌을 변화시키는 데 투자하고 있습니다. 또한 자기 자신의 실천뿐만 아니라 다른 기업 경영자, 나아가 전 세계 정치와 경제 지도자에게까지 헌신을 이끌어 내고 있다는 점에서 진정한 월드 체인저 경영인이라는 평을 받습니다.

따라서 지금 한국의 청소년들이 언젠가 국제적인 CEO가 되어 기업 경영을 통해 얻는 수익을 지구촌 빈곤과 질병 퇴치에 사용하는 데 투자하길 바랍니다. 또한 한국 경제인이 주도가 되어 전 세계 비즈니스 CEO를 설득하여 국제적 빈곤 퇴치 기금을 주도해 나가는 리더십을 발휘하길 기대합니다. 그래서 세계인들에게 가장 존경받는 지구촌 촌장, 대한민국의 이미지를 만들어 나가길 희망합니다.

공정무역에 적극 참여하는 무역 분야 지구촌 촌장이 되어 보세요!

가난한 나라와 국민들을 발전시키는 데 새로운 대안으로 공정무역이 부상하고 있습니다. 공정무역이란 국가와 국가사이에 상호 동등한 위치에서 이루어지는 무역을 말합니다.

공정무역은 대안무역이라고 부르기도 하는데 선진국 기업들과 가난한 나라의 생산자 사이에서 경제적 불균형을 바로잡고, 제품을 구입하는 소비자들의 윤리적 소비를 이끌어 내기 위해 유럽에서 시작된 운동입니다. 과거 일부 세계적인 다국적 기업들은 '자유무역'이란 이름으로 가난한 나라 국민들의 노동력을 저임금으로 착취하며 막대한 이윤을 남기는 경우가 있었습니다. 이에 따라 가난한 나라와 국민들도 무역을 통해 이득을 볼 수 있어야 한다는 양심적인 국제 시민 여론이 형성되었고, 또 소비자들 또한 가난한 나라에 돈으로만 후원하는 것이 아니라 정당한 거래를 통해 스스로 자립할 수 있는 방법을 모색하는 방법을 찾게 되었습니다.

예를 들어, 선진국 소비자는 주변 커피 전문점에서 커피를 비싼 가격으로 구입하지만 실제로 가난한 나라의 커피생산 노동자에게 돌아가는 수익은 0.5%에 불과 합니다. 그 이유는 국제적 유통과정을 거치면서 생기는 마진이 불합리하게, 생산자보다 중간 거래상들에게 일방적으로 유리하게 적용되기 때문입니다. 따라서 공정 무역 커피는 최빈국의 커피 생산자들과 선진국의 커피 판매 상점들과의 유통과정을 직거래로 단축시킴으로 최대한 가난한 나라 생산자들에게도 이익이 주어지도록 하는 것입니다.

이를 통해 가난한 나라 커피 농장주와 농부들도 가난의 악순환을 끊고, 가족들을 부양할 수 있게 되어 후진국의 경제 발전을 이끌어 내고 있습니다. 공정무역은 커피 이외에도 코코아, 초콜릿, 차 등 다양한 품목으로 확대되고 있습니다.

장차 한국인이 설립한 창조적 기업이 전 세계 경제 발전을 주도하며, 세계 경제 불황을 극복하고, 세계 금융 위기를 극복하는 꿈을 함께 꾸어 봅시다. 고용 불안에 시달리는 노동자에게는 미래를 향한 안정된 직장을 제공하며, 세계 청년실업 문제를 해소해 나가는 세계적 기업을 경영하는 모습을 상상해 봅시다. 빈곤 문제 해결을 위한 변화의 바람을 일으키는 주인공은 바로 한국 청소년, 여러분입니다.

지구촌 촌장학교 실천 활동

1. 여러분이 빌 게이츠와 같은 기업가라면, 어떤 지구촌 문제를 해결하기 위해 노력하고 싶나요?

2. 공정무역을 통해 빈곤 문제를 해결한 사례를 조사해 보세요.

3. 지구촌 빈곤 문제를 해결하기 위한 아이디어를 생각해 보고, 실천해 보세요.

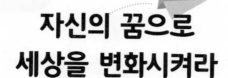

자신의 꿈으로
세상을 변화시켜라

글로벌 리더가 되고자 하는 한국 청소년들과 대화하다 보면 자주 등장하는 인물과 기관이 있습니다. 바로 전 반기문 유엔 사무총장과 유엔입니다.

"저는 유엔에서 일하고 있는 반기문 사무총장님처럼 되는 것이 꿈입니다. 반크에서 앞으로 열심히 활동해 장차 유엔 사무총장이 되고 싶습니다."

"저는 장차 유엔과 같은 세계적인 국제기구에서 일하고 싶습니다. 그 꿈을 준비하고자 반크에서 활동하고자 합니다."

"뉴욕에 있는 유엔 본부에서 일하면서 맨해튼 거리를 거닐며 전 세계 글로벌 리더와 함께 멋지게 지구촌 문제를 해결하고 싶어요."

한때 한국 사회에서 유행한 카피 중 '일등만 알아주는 더러운 세상'이라는 유행어가 있습니다. 그 유행어처럼 장차 글로벌 리더를 꿈꾸는 청년들이 글로벌 리더하면 '반기문 사무총장', 국제기구하면 '유엔', 유엔하면 세계의 중심지 '뉴욕 맨해튼'만 기억하고 있다는 생각이 들었습니다.

하지만 유엔 사무총장을 꿈꾸는 한국 청소년들 중에는 결코 자신이 살아있는 동안에 그 꿈은 이루어질 수가 없다는 것을 아는 청소년들은 많지 않습니다. UN 사무총장이 되기 위해서는 UN이 정한 15개국 중 9개국 이상의 동의를 받아 선출되며 '지역순환원칙'이 적용됩니다. 이는 전 세계인들에게 공평한 기회를 제공하기 위함입니다. 따라서 이미 한국인이 유엔 사무총장으로 선출되었기 때문에 21세기에 한국 청년이 유엔 사무총장이 되는 것은 불가능합니다.

이와 관련해서 외교부 고위 공무원이 제2의 반기문 사무총장을 꿈꾸는 반크 회원을 대상으로 특강 때 해준 말이 인상적입니다.

"현재 유엔 사무총장을 꿈꾸는 한국청년들은 불가능한 꿈, 절대 이룰 수 없는 꿈을 꾸고 있습니다. 유엔 사무총장이란 자리는 한 개인이 아무리 능력과 자질을 갖추었다 할지라도 대륙별로, 국가별로 조율하면서 선정하기 때문입니다. 따라서 아프리카, 아시아, 유럽 등 대륙별로 돌아가면서 인물을 정하게 됩니다.

현재 아시아에 속한 한국 국적의 반기문 사무총장님이 임기가 끝나고 다시 아시아 대륙으로 순번이 오는 데에는 수십 년의 시간이 소요됩니다. 설사 수십 년 후에 다시 아시아로 기회가 온다 할지라도 아시아에도 수많은 나라들이 있는데 그 나라들까지 다 고려하면 수백 년이 지나야 한국에게 기회가 오게 됩니다. 설사 또 다시 한국에게 기회를 온다 할지라도 국제사회가 한국에게 기회를 줄 리가 없기 때문입니다. 따라서 지금 한국 청소년 중에 유엔 사무총장을 꿈꾸는 사람은 수백 년을 살아야 기회가 다시 오는 셈입니다. 한국인으로서 미래 유엔 사무총장을 꿈꾸고 있는 청소년들이 있다면 그 꿈을 접는 것이 좋습니다.

또한 국제기구에서 활동하는 임원과 이야기할 기회가 있었는데 한국 청소년들은 국제 기구하면 오직 유엔과 같은 세계적으로 이름난 곳에서만 일하고 싶어 한다는 것을 안타까워했습니다. 하지만 막상 유엔과 같은 세계적인 국제기구에서 한 해 채용하는 신입 직원의 수는 극히 제한적입니다. 따라서 바늘구멍과도 같은 유엔 입사에 청춘을 바치기 보다는 자신의 미래 직업 속에서 세상을 변화시킬 수 있는 활동을 연계시키는 것이 더 효과적일 것입니다.

설령 한국의 청소년들이 미래 유엔에서 일하는 기회를 얻었다 할지라도 유엔에서 일하는 것이 한국 청소년들이 생각하는 것만큼 멋지고 화려한 직업은 아닙니다. 뉴욕 맨해튼의 유엔 본부에서 전 세계 글로벌 리더들과 함께 일할 수 있는 기회보다는 지구촌 곳곳에서 전쟁과 빈곤, 질병의 위험 한가운데서 목숨을 담보로 일하게 되는 경우가 더 많고 그 일 또한 단순한 열정만 가지고는 안 됩니다.

고도의 전문성과 기획력, 그리고 다양한 국가에서 온 사람들과의 협력을 할 수 있는 리더십이 필요합니다. 이런 능력은 학교에서 공부만 해서는 결코 얻을 수 있는 것이 아니며, 한국 청소년들이 자신의 삶 전체를 통해 준비해야 얻을 수 있을 것입니다.

따라서 외무 고시를 통과하여 외교부에 입사하여 외교관이 안 되더라도 사이버 외교사절단 반크처럼 한국을 세계에 알리는 단체가 생겨나 수만 명의 민간 외교관들이 지구촌 곳곳에서 한국을 알리듯이, 유엔과 국제기구 직원이 아니더라도 지구촌을 변화시키고자 하는 한국 청소년들의 꿈을 실현시킬 수 있는 곳을 찾아 정치, 경제, 사회, 문화 등 모든 분야에 대해서 자신의 삶을 걸고 능력을 세계적으로 발전시켜 나가야 합니다."

위의 말처럼 유엔 사무총장이 되거나 유엔에서 일하지 않더라도 청소년 여러분이 주인공이 되어 세상을 변화시킬 수 있는 다양한 방법에 대해 앞장에 이어 소개하고자 합니다.

교류와 협력으로 국제관계를 주도하는 정치 분야 지구촌 촌장이 되어 보세요!

2010년 11월 당시 반기문 유엔 사무총장이 한국 국회를 방문했습니다. 그는 한국의 국회의원들에게 세계 극빈층 문제 해결을 위해 한국 국회의원들의 강력한 지지를 부탁한다며 절실히 호소했습니다.

반기문 사무총장은 한국은 지금 세계적인 경제대국이고 강력한 정치적·민주주의적 발전을 이룬 국가이지만, 현재 한국이 국제사회에 제공하는 공적개발원조(ODA)는 경제협력개발기구(OECD) 회원국 중 낮은 수준이라며 한탄했습니다. 따라서 예산 권한이 있는 국회의원들이 리더십을 발휘하여 한국의 경제 수준과 국제적 위상에 어울리는 지원을 국가적으로 추진할 수 있는 법적, 제도적 장치를 마련해달라며 호소했습니다.

최근 수년간 영국의 총리와 정치 지도자들은 하나가 되어 세계 빈곤을 절반으로 줄이는 유엔의 공식 목표에 부합하는 정책을 잇따라 발표하고 영국의 시민 여론을 세계 빈곤 퇴치를 위한 영국의 책임과 의무에 대한 헌신을 이끌어 내고 있습니다. 장차 한국의 정치인을 꿈꾸는 청소년들이라면 한국의 공적개발원조 비율을 세계 최고 수준으로 끌어올릴 수 있는 법적·제도적 장치, 그리고 사회적 공감대를 형성하는 방법을 찾기 위해 시스템을 구축해야 할 것입니다. 그래서 세계인들에게 가장 존경받는 지구촌 촌장, 대한민국의 이미지를 만들어 나가는 것이 어떨까요?

개발도상국의 지속가능한 기술 지원에 헌신하는
과학기술분야 지구촌 촌장이 되어 보세요!

아프리카의 수많은 아이들이 사망하는 대표적인 원인 중 하나가 오염된 물을 먹어 질병이 걸린 경우입니다. 따라서 만약 누군가가 흙탕물 외에는 마실 물이 없는 아프리카와 아시아 사람들을 위해 휴대용 정수기를 개발한다면 수많은 아프리카 사람들을 질병으로부터 구원할 수 있을 것입니다.

베스터가르드 프란센사가 개발한 '생명의 빨대(Life Straw)'가 바로 대표적입니다. 덴마크 등의 국가에서 생산되는 생명의 빨대는 물이 오염되어 마실 물을 구하기 힘든 아프리카 사람들을 위해 발명된 제품으로 일종의 빨대처럼 생긴 휴대용 정수기입니다. 이 생명의 빨대를 통한다면 흙탕물이라 할지라도 불순물을 걸러내 식수처럼 마실 수 있어서, 오염된 물을 마셔 질병에 시달린 수많은 사람들을 구원할 수있게 되어 제품 이름도 생명의 빨대라 칭하고 있습니다. 이 제품은 콜레라, 이질, 설사 등을 일으키는 물 속 박테리아와 바이러스를 99.9% 걸러줍니다.

또 다른 혁신적인 제품이 있습니다. 아프리카 여성과 어린이들의 심각한 인권 현실을 이야기할 때 빠짐없이 등장하는 사진이 있습니다. 바로 무거운 물통을 머리에 지고 수많은 거리를 왕복하며 먹을 물을 이동하는 아프리카 아이들과 여성들의 사진입니다. 이처럼 수많은 아프리카 여성과 아이들이 집으로부터 멀리 떨어진 저수지에서 물을 옮기며 태양빛 아래서 엄청난 노동을 하고 있습니다. 이를 해결하기 위해 한스 헨드릭스라는 사람이 '큐드럼'을 개발했습니다. 일종의 드럼통처럼 생긴 이동 가능한 식수통입니다.

이 큐드럼만 있으면 더 이상 머리에 물통을 이고 수많은 거리를 왕래할 필요가 없습니다. 이 제품 가운데 구멍이 뚫려 있어 여기에 줄을 매서 붙잡아 끌면 바퀴처럼 식수를 담은 통이 굴러가기 때문입니다. 한번에 75리터의 물을 큰 노동력이 소요되지 않으면서도 옮길 수 있기 때문에 이 제품은 사막의 오아시스와 같은 제품입니다.

이 두 제품 모두 과학기술을 이용해 지구촌을 변화시키는 혁신적인 적정기술 개발 사례에 속합니다. '적정기술'이란 생태계 법칙과 함께 존재하며 제한된 희소 자원을 낭비하지 않으면서도 자본 투자 비율을 낮추는 기술입니다. 즉 아프리카와 아시아 등 가난한 저개발국가 사람들도 쉽게 현지에서 활용할 수 있는 기술이 적정기술이라고 말합니다. 선진국들의 기술이 그동안 인적, 물적 환경을 파괴한 것에 대한 반성에서 모색하여 개발된 제3세계의 환경, 지역적 조건에 적합한 자립 경제 관점의 기술 개념입니다. 이런 적정기술 제품을 개발하고 있는 과학자, 기술자들이 진정한 지구촌 촌장이라는 평을 받고 있습니다.

지금 한국의 청소년들도 언젠가 국제적인 과학자, 기술자가 되어 지구촌을 변화시키는 데 적극적으로 나아가길 희망합니다. 한국은 반세기만에 현재 저개발 국가의 상황과 같은 조건에서 세계 경제대국으로 우뚝 선 수많은 지식과 기술 자원이 있습니다. 이 자산을 한국만의 발전을 위해 사용하는 것보다 지구촌을 변화 시키는 데 사용한다면 한국은 지구촌의 희망이 될 것입니다.

약품과 의사가 없어 질병에 죽어가는 아시아, 아프리카 국민들을 살리는 데 헌신하는 의료 분야 지구촌 촌장이 되어주세요!

하루에 에이즈로 목숨을 잃는 사람이 9천 명에 이른다고 합니다. 유니세프에 따르면 개발도상국에서는 매일 30,500명의 아이들이 예방 가능한 질병으로 죽어간다고 합니다. 문제는 이들이 질병으로 죽어가는 이유가 선진국에서는 도저히 사회적으로 용납이 안 된다는 사실입니다. 약만 있으면 살 수 있는 한 아이의 생명이 지구 반대편에서는 비극적인 죽음을 맞이합니다.

대표적인 질병 중에 하나가 에이즈입니다. 흔히 사람들은 에이즈가 성적으로 문란한 사람들이 걸리는 병이라고 생각합니다. 하지만 현재 에이즈로 사망하는 사망자 대부분이 저개발국에 살고 있는 아프리카의 아이들입니다. 에이즈는 선진국에서는 약품으로 생명을 연장할 수 있는 질병이지만, 아프리카 아이에게는 곧 사형선고와 다름없습니다. 가장 큰 비극은 에이즈와 같이 병에 걸리면 치료제가 있다는 것을 알면서도 구입할 돈이 없어서 죽어간다는 사실을 아이와 그 아이의 부모가 깨닫게 되는 순간입니다.

75억 세계인들이 방송과 인터넷으로 하나로 소통하고 있는 지구촌 시민이 되어가고 있는 상황에서 한 아이의 생명이, 태어난 곳에 따라 생과 사의 운명이 뒤바뀌는 비극적인 광경을 지켜보게 된다면 과연 우리 마음은 편할까요? 저는 한국의 청소년들이 언젠가 약사, 의사가 되어 지구촌을 살리는 데 적극적으로 뛰어드는 꿈을 꾸기를 바랍니다. 또한 한국 의료인이 주도할 수 있는 리더십을 발휘하길 바랍니다. 그래서 더 이상 지구촌에 치료 가능한 질병 때문에 죽어가는 아이들이 없는 세상을 만들어 나가는 데 한국의 청소년들이 앞장서길 바랍니다.

이 외에도 법조인을 꿈꾸는 한국 청소년들이라면 국제 인신매매 등으로 인권이 유린되는 저개발국 여성과 아동을 보호하는 데 헌신할 수도 있을 것입니다. 또한 환경운동을 꿈꾸는 한국청년이라면 국제적 환경 NGO 단체를 설립하여 세계 환경 보호를 앞장서는 주인공이 되어 지구 온난화를 해결해 나갈 수 있을 것입니다. 교육가를 꿈꾼다면 아시아와 아프리카에 학교를 세워 다음 세대를 일으키는 데 헌신할 수 있을 것이며 방송, 출판, 언론인을 꿈꾸고 있다면 지구촌 문제에 대한 사람들의 무관심을 관심으로 돌리기 위해 다양한 지구촌의 목소리를 생생히 들려주고, 지구촌을 변화시키는 숨은 영웅들을 발굴하는 방송 프로그램과 출판물을 제작할 수 있을 것입니다.

청소년들이 지구촌 문제에 대해 충분히 정보를 갖게 되고, 지구 반대편의 청소년들과 함께 지구촌에서 발생하는 상황에 대해 의견을 나누면 지구촌 문제 해결을 주도할 수 있는 아이디어와 실천 프로젝트가 탄생하게 될 것이라 생각합니다. 청소년들은 가까운 미래에 성인이 될 것이고 지구촌 문제에 대한 결과를 자신의 인생 전체에서 체험하게 될 대상이기 때문입니다. 청소년들이야말로 지구촌 문제의 핵심적인 이해 당사자 아닙니까! 따라서 청소년 여러분의 꿈과 진로를 75억 세계가 필요로 하는 지구촌의 미래를 위해 노력한다면 여러분의 진로를 설계하는 데에도 큰 도움이 될 것입니다..

 지구촌 촌장학교 실천 활동

여러분이 관심 있는 글로벌 정치, 경제, 사회, 문화 이슈는 무엇인가요? 지구촌 문제 해결에 앞장서서 해결해 나가는 여러분의 모습을 상상해 보세요!

지구촌 촌장의 자격을 갖추어라

"지금 세계에는 63억 명의 사람이 살고 있습니다. 그런데 만일 그것을 100명이 사는 마을로 축소시키면 어떻게 될까요? 61명은 아시아 사람이고 13명이 아프리카 사람, 13명은 남북아메리카 사람, 12명이 유럽사람 나머지 1명은 남태평양지역 사람입니다.

마을 사람들 중 20명은 영양실조이고, 1명은 굶어죽기 직전이지만 15명은 비만입니다. 마을의 재산 중 59%를 6명이 가졌고, 74명이 39%를, 나머지 20명은 겨우 2%를 나눠가졌습니다. 마을의 에너지 80%를 20명이 사용하고 있고 나머지 20%를 80명이 나눠 쓰고 있습니다. 75명은 먹을 양식을 비축해 놓았고 비와 이슬을 피할 집이 있습니다. 하지만 나머지 25명은 그렇지 못합니다. 17명은 깨끗하고 안전한 물을 마실 수 없습니다. 마을 사람들 중 1명은 대학교육을 받았고 2명은 컴퓨터를 가지고 있습니다. 그러나 14명은 글도 읽지 못합니다.

만일 당신이 어떤 괴롭힘이나 체포와 고문, 죽음을 두려워하지 않고 자신의 신념과 양심에 따라 움직이고 말할 수 있다면 그렇지 못한 48명보다 축복 받은 것입니다. 만일 당신이 공습이나 폭격, 지뢰로 인해 다치거나 죽을 염려가 없고 무장단체의 강간이나 납치를 두려워하지 않을 수 있다면 그렇지 않은 20명보다 축복 받은 것입니다."

이 시의 작가 도넬라 메도우스 박사는 지구촌 기아와 분쟁, 인권 유린 등의 문제에 맞서 평화 운동을 펼치며 세계 시민교육에 헌신하다 2001년 2월 세상을 떠났습니다. 그녀가 쓴 이 글이 누군가에 의해 인터넷에 소개되자 삽시간에 이메일과 웹사이트를 통해 전 세계로 퍼져나갔고 2001년 9월에는 일본 치바현의 한 중학교 교사에게까지 전해졌다고 합니다. 그는 자신이 가르치는 학생들에게 글로벌 마인드를 심어주기 위해 이 시를 이메일로 보냈고, 시를 받은 학생의 학부모가 또다시 주변 지인들에게 메일을 전달하면서 시는 일본 전역에 확산되었습니다. 마침내 이 시는 《세계가 만일 100명의 마을이라면》이라는 책으로 발간되었고, 일본은 물론 한국어와 영어 등 전 세계의 언어로 번역되어 수많은 지구촌 사람들을 감동시켰습니다. 도넬라 메도우스 박사가 생전에 소원하던 대로, 그녀의 시가 전 세계인들이 지구촌 문제를 진지하게 고민하게 만든 셈입니다.

이 시를 읽으며 누군가 저에게 '세계가 만약 100명이 사는 마을이라면, 한국 사람인 너는 어디쯤 속해 있니?'라고 물었을 때 과연 나는 어떤 대답을 할 수 있을까 고민해 보았습니다. 100명 중 20명은 영양실조이고 1명은 굶어죽기 직전인 마을에 살고 있지만, 다행히 나는 잘 먹고 잘 사는 15명의 귀족층에 속해 있다며 지금껏 자랑만 늘어놓고 있던 것은 아닌지 되돌아보게 되었습니다.

100명 중 25명이 자기 한 몸 편히 쉴 수 있는 집조차 없는 마을에 살고 있지만 그래도 나는 근사한 아파트가 있어 잘 살고 있으니 우리 집에 놀러나 한번 오라고 권하고 있던 것은 아닌지, 100명 중 20명이 전쟁의 공포 속에서 고통스러운 삶을 이어가고 있지만 그래도 나는 평화롭고 안전한 곳에 살고 있어 다행이라며 그 20명의 눈물과 절망스러운 현실에 눈과 귀를 닫고 지내지 않았는지……

15년이 넘는 세월 동안 반크 활동을 통해 세계인에게 한국을 알리는 일에 골몰해 있던 저는 세계인들에게 어떻게 하면 한국을 매력적으로 소개하고 자랑할 수 있을까만을 고민하며 지내왔습니다. 한 외국 친구가 '전 세계인의 마음을 한곳으로 모이게 하는 글'이라는 메일을 보내오기 전까지는 말입니다.

빈곤과 환경, 정치적인 이슈 등에 관심이 많은 친구였기에 메일함을 열었을 때만 해도 북핵 문제 같은, 세계인들에게 이슈가 되는 한국의 정치 현안에 대해 참고할 만한 자료를 보내주었을 거라고 생각했습니다. 하지만 기대와 달리 메일에는 '세계가 만일 100명의 마을이라면'이라는 제목으로 시작되는 한 편의 시가 들어 있었습니다.

저는 외국인들에게 한국을 6.25전쟁 이후 불과 50년 만에 세계 최대 빈민국에서 세계 12대 경제대국으로 성장한 나라, 선진국들의 모임인 OECD 회원국이자 세계 정보통신을 이끄는 정보통신 대국, 세계 일류 선진국으로 도약할 희망으로 가득한 나라라고 입에 침이 마르도록 자랑을 늘어놓던 기억이 떠올랐습니다. 하지만 사이버 외교사절단 반크를 이끌어 온 나조차도 아시아와 아프리카, 중동 등지에 살고 있는 친구들이 겪고 있는 빈곤과 기아, 전쟁, 분쟁 등에 대해서는 귀를 닫고 살고 있었습니다. 부끄러워 얼굴을 들 수가 없었습니다. 한국이 세계 12위의 경제대국으로 성장했음에도 세계무대에서 제대로 된 평가를 받지 못한 이유가 여기에 있는 것은 아닐까요. 세계인들의 바람에 귀를 막고 있는 한국인들의 목소리에 세계인들이 귀를 기울일 이유가 없었던 것인지도 모릅니다.

지금 한국인들에게 진정으로 필요한 것은 지구촌 문제를 나의 문제로 여기는 역지사지의 정신일 것입니다. 일제 강점기 시절 굴욕의 역사와 독도 영유권 문제, 동해 표기 문제, '위안부' 문제, 동북공정 문제 등에 대한 세계인들의 진심어린 관심과 지지를 원한다면 한국 역시 다른 식민지 국가들의 아픔을 이해해야 하고 어려운 현실에 처해있는 나라들에 관심을 기울여야 할 것입니다.

'세계가 만일 100명의 마을이라면'이라는 시는 다음과 글귀로 끝납니다.

"먼저 당신이 사랑하세요. 이 마을에 살고 있는 당신과 다른 모든 이들을.
나, 그리고 우리가 이 마을을 사랑해야 함을 진정으로 알고 있다면
아직 늦지 않았습니다. 우리를 갈라놓는 비열한 힘으로부터 이 마을을
반드시 구할 수 있을 것입니다."

지구촌 문제를 곧 나의 문제로 생각하는 한국인이 늘어나고 친구의 나라가 처한 문제를 해결하기 위해 국제적 네트워크를 구축해 몸과 마음을 하나로 모아간다면 21세기 지구촌을 갈라놓는 비열한 힘으로부터 이 마을을 구할 주인공은 한국 청소년, 바로 여러분이 될 것입니다.

지구촌 촌장학교 실천 활동

1. 《세계가 만일 100명의 마을이라면》의 원문을 찾아 읽어 보고, 가장 마음에 와 닿는 구절은 무엇이며 왜 그런지 이야기해 보세요.

2. '반크'에서 만든 한글과 영문 동영상, 《세계가 만일 100명의 마을이라면》을 비롯해 다른 나라에서 만든 동영상을 찾아보고 느낀 점을 말해 보세요.

3. 《세계가 만일 100명의 마을이라면》처럼 지구촌 문제를 주변 친구들에게 쉽게 전할 수 있는 시를 지어 보세요.

4. 빈곤과 전쟁, 분쟁 등으로 아픔을 겪고 있는 나라들에 우리가 관심을 기울여야 하는 이유를 생각해 보세요.

5. 자신이 100명의 지구촌 마을을 대표하는 촌장이라고 가정하고 마을이 처한 문제를 해결하기 위한 계획과 실천 프로그램을 만들어 보세요.

제 2 장

지구촌 촌장들의
질문의 힘

변화를 상상하고 실천한 지구촌 촌장들의 14가지 사례

"고립 지역의 재난을
어떻게 외부에 알릴 수 있을까?"

: 아프리카 발(發) 정보통신 혁명 일으킨 케냐 여성 오리 오콜로

2008년 아프리카 케냐에서 부정 선거가 일어난 후, 곳곳에서 케냐 시민들이 시위를 했고 이를 막으려는 정부 간의 폭력 사태가 발생했습니다. 하지만 케냐 정부는 부정선거로 인한 폭력 사태에 대해 케냐 국내외에서 관련 뉴스를 접하지 못하도록 신문, 방송을 통제해서 보도를 금지시켰습니다. 이러한 모습을 보고 오리 오콜로(Ory Okolloh)라는 케냐의 한 여성은 참을 수가 없었습니다. 오리 오콜로는 케냐 방송 언론이 폭력 사태에 대한 보도 통제받는 상황에서 케냐 시민들이 자신들이 목격한 폭력 사태에 대한 정보를 직접 공유해서 주변에 알리면 어떨까? 하는 생각을 했습니다.

그녀는 바로 생각을 실천하기로 결심했습니다. 그녀는 자신의 블로그에 케냐 부정선거 이후에 발생하고 있는 폭력 사태에 대해 케냐 시민들이 자신에게 정보를 제보해 주길 바라는 내용의 글을 올렸습니다. 그녀가 이런 내용으로 블로그에 글을 올리자 바로 다음과 같은 글들이 올라왔습니다.

"저희 마을 사람들이 부정 선거에 대해 항의하기 위해 마을 중심에서 행진하고 있는데 경찰이 그들에게 바로 총을 쏘았어요. 경찰들이 시민들에게 최루탄을 계속 발사하고 있습니다."

"케냐 경찰이 시위자들을 향해 총을 발사했고, 그중 한 명이 죽었습니다."

"경찰들이 시위대를 향해 마구잡이로 총을 발사했어요."

블로그에 폭력 사태에 대한 케냐 시민들의 생생한 증거들이 끊임없이 방대하게 올라오자 그녀는 이런 제보들을 블로그가 아닌 좀 더 체계적으로 그리고 실시간으로 자동 정리되고 공유할 수 있는 시스템을 구축하고 싶어졌습니다. 그녀는 자신의 생각을 블로그에 올렸고, 이 글을 보고 바로 컴퓨터 프로그래밍에 능한 2명의 청년들이 그녀를 도와 시스템을 구축하기로 했습니다. 이들이 시스템 구축에 가장 중점을 두었던 점은 아프리카 케냐 시민 누구나 부정선거 폭력 사태에 대한 증인이 되어 증거를 신속히 실시간으로 수집할 수 있어야 한다는 것이었습니다. 그래서 더 많은 케냐 시민이 쉽게 참여하기 위해서 아프리카에 광범위하게 보급되고 있는 핸드폰을 이용하면 어떨까 하는 생각을 했습니다. 마침내 이들은 3일 만에 케냐 시민들이 언제든지 컴퓨터와 핸드폰으로 접속할 수 있는 '우사히디'란 제목의 웹사이트를 개설했습니다. 우사히디는 아프리카 스와힐리어로 '증언'이라는 뜻입니다.

우사히디 웹사이트는 휴대폰을 소유하고 있다면 누구라도 케냐에서 발생하고 있는 폭력 사태에 대해 보도하고 이를 통해 케냐 전 지역에서 지금 폭력 사태가 어떻게 진행되고 있는지 케냐 및 전 세계 사람 누구나 쉽게 확인할 수 있도록 했습니다. 많은 사람들은 아프리카 대륙하면 빈곤, 가난이라는 이미지를 떠올리지만 사실 핸드폰은 아프리카의 수많은 사람들이 사용하고 있는 거의 보편화된 휴대품입니다. 이들은 바로 이점에 주목을 했습니다. 아프리카인들에게 이미 일상적인 휴대기기인 핸드폰을 활용한다면 좀 더 광범위하게 참여를 이끌어 내고 이를 통해 아프리카 대륙 곳곳에서 발생하고 있는 위기와 어려움을 해결하는 데 큰 기여를 할 수 있을 것이라 확신했습니다.

핸드폰을 통한 광범위한 시스템 구축

이들이 개발한 시스템의 특징은 바로 집단지성을 활용한 '커뮤니티 맵핑'을 활용한다는 점입니다. '커뮤니티 맵핑'이란 이른바 집단 지성을 통한 위치기반 커뮤니티 세계지도 서비스로 지역과 국가, 전 세계의 다양한 정보를 인터넷이 연결된 핸드폰과 컴퓨터를 통해 누구나 실시간으로 올려 지구촌 문제를 해결하는 것입니다. 이들의 생각과 실천은 이들의 바람대로 위대한 변화를 이끌어 냈습니다. 이 사이트는 이후 케냐 지역 폭력에 대한 정보 공유를 넘어서 아프리카 대륙에서 발생하고 있는 폭력, 테러, 질병에 대한 정보를 공유할 수 있는 시스템으로 발전했습니다.

뿐만 아닙니다. 우사히디 웹사이트 창업자 및 그와 함께 하는 동료들은 자신들의 아이디어를 전 세계 누구나 쉽게 사용할 수 있도록 개발한 시스템을 웹사이트에서 공유하고 있습니다. 우사히디는 전 세계 어떤 개인이나 단체, 학교, 기업에서도 자신들이 개발한 시스템을 누구나 자유롭게 사용할 수 있도록 개방해서 지역사회 문제, 국가 차원의 문제 나아가 전 세계 인류가 겪고 있는 문제를 해결하는 데까지 도움이 되고자 한 것입니다.

그 결과 우사히디 웹사이트에 구축된 시스템은 수천 개 이상으로 확대되었고 현재 아프리카를 넘어 아시아 개발도상국 국가들도 이 시스템을 활용하고 있습니다. 심지어 미국, 일본, 유럽 등의 선진국에서까지 이 시스템을 활용해서 세상을 변화시키는 데 활용되고 있습니다. 전 세계 곳곳에서 발생하고 있는 지진, 홍수, 긴급한 전염병 발생 지역 등 피해를 입은 지역 사람들 스스로가 증인이 되어 더 많은 사람이 정보를 공유하고 가장 도움이 필요한 사람과 피해 지역에 우선적으로 보급품 배급 등 위기에 대응하고 피해를 수습하기 위한 혁신적인 해결책을 만드는 데 우사히디 시스템은 탁월하다는 평가를 받고 있습니다. 과거에는 전 세계 곳곳에 지진, 전염병, 폭력 사태가 발생하면 미국의 유명 뉴스 채널인 CNN을 비롯해서 현지 방송 언론의 기자들이 취재를 했고, 설사 기자들이 취재를 한다 하더라도 현장의 피해 상황을 체계적으로 알 수가 없었습니다. 하지만 우사히디 시스템을 활용하면 누구나 쉽게 위기 상황을 제보할 수 있고 제보된 정보를 바탕으로 해결책과 대응책을 바로 진행할 수 있기 때문입니다. 무엇보다 세상을 바꾸는 이런 혁신적인 아이디어가 선진국으로부터 원조와 도움을 받는 아프리카에서 시작되었다는 점이 의미가 있습니다. 아프리카에서 시작된 작은 변화가 세상을 변화시키는 위대한 파도를 일으키고 있는 것입니다.

우사히디는 현재 아프리카를 대표하는 정보 통신 리더로 인정받고 있으며 나이로비 본부에서 전 세계 다양한 기업들과 혁신적인 프로젝트를 진행하며 전 세계 곳곳의 자원봉사자들이 이들과 함께 세상을 변화시켜 나가고 있습니다.

2014년 오리 오콜로는 〈타임즈〉로부터 미국의 오바마 대통령, 중국의 시진핑 주석이 포함된 세상에서 가장 영향력 있는 100인에 선정이 되었습니다. 〈타임즈〉는 그녀를 선정한 배경으로 그녀가 아프리카인들이 그들 스스로 권력을 행사할 수 있도록 도움을 준 행동가라고 평가했습니다. 무엇보다 〈타임즈〉는 그녀가 아프리카 케냐의 가난한 집안에서 태어났고, 그녀의 부모는 그녀의 학비를 제대로 마련하지 못했지만 그녀는 열심히 공부를 했고, 미국 하버드 로스쿨에서 공부해 미국 워싱턴에서 취업을 했음에도 자신의 안락한 미국 생활을 버리고 다시 그녀의 모국인 아프리카로 돌아와 아프리카의 변화를 위해 헌신하기로 한 점을 높이 평가했습니다. 또한 그녀가 아프리카 케냐에서 우사히디 시스템을 통해 케냐를 변화시켰으며 이 시스템을 통해 케냐를 넘어 전 세계 곳곳, 또한 미국의 허리케인 재난까지도 대응하는 데에 기여했다고 평가했습니다.

한국의 청소년 여러분은 아프리카를 변화시킨 오리 오콜로의 이야기와 우사히디 웹사이트를 통해 무엇을 느꼈나요? 저는 오리 오콜로와 그녀와 함께한 청년들을 통해 아프리카 변화를 주도하는 것은 바로 아프리카 청년이고 스스로를 혁신해 나가는 그들의 꿈을 읽었습니다. 무엇보다 정보통신기술을 활용해 혁신적이고 창조적인 생각을 해서 자신들이 사는 아프리카 대륙을 변화시키고 나아가 아프리카 사람들에게 도움과 원조는 주는 선진국인 미국과 유럽 국가들까지도 변화시켰으며 수많은 아프리카인들에게 스스로가 세상을 변화시키는 당당한 주인공이 될 수 있다는 희망을 만드는 위대한 자긍심을 보았습니다.

저는 세상을 변화시키는 아프리카 청년들의 도전과 실천을 통해 100년 일본 제국주의가 한국을 식민지할 때 용기 있게 나섰던 독립운동가들의 삶, 특히 안창호 선생님이 떠올랐습니다.

66세의 일본의 최고 국가지도자였던 이토 히로부미가 29세의 한국의 청년 안창호를 만나 아시아 평화를 향한 일본의 위대한 꿈에 안창호가 함께 해줄 것을 요청한 적이 있었습니다. 이토 히로부미는 메이지 유신과 근대화를 통해 이제 서구 열강과 같은 힘을 지닌 일본이 한국을 진심으로 도울 것을 강조했습니다. 이에 대해 안창호 선생은 이토 히로부미에게 일본이 메이지 유신의 성공을 바탕으로 한국의 발전을 위해 노력하려는 것을 알겠으나 일본이 우리 한국을 진정으로 발전시키고 싶다면 한국은 한국인의 손으로 혁신하게 해달라고 요청했습니다. 특히 안창호 선생은 만일 일본을 근대화한 메이지 유신이 미국인이 와서 주도했다면 메이지 유신 또한 성공하지 못했을 것이라 말했습니다. 그러면서 그는 "한국을 변화시키는 건 한국인이다."라고 말했습니다. 100년 전 도산 안창호 선생님의 꿈처럼 오늘날 아프리카 청년들도 아프리카의 미래를 향해 당당히 말하고 있는 것입니다.

한국 청소년 여러분! 세상을 변화시키는 주인공에 도전하는 아프리카 청년들처럼 여러분도 우리 한국인이 세상을 변화시키는 주인공이 될 것이라는 꿈을 가지세요. 청소년 여러분이 매순간 자신이 세계를 변화시키는 주인공이라는 인식을 가지면 오늘 여러분이 일상적으로 사용하는 스마트폰, 블로그, SNS가 바로 한국과 세상을 변화시키는 위대한 도구가 될 것이고, 여러분은 세상을 변화시키는 지구촌 촌장이 될 것입니다.

지구촌 촌장학교 실천 활동

1. 우사히디 웹사이트에 방문해서 단체의 활동을 조사해 보세요.
   (https://www.ushahidi.com)

2. 우사히디 웹사이트의 시스템을 적용해서 한국과 세상을 바꾸어나갈 수 있는 아이디어를 조사해 보세요.

3. 인터넷 집단지성으로 세상을 바꾸어나가는 '커뮤니티 맵핑'의 사례를 조사해 보세요.

4. 여러분의 마을, 도시, 한국에 '커뮤니티 맵핑'을 통해 변화시킬 수 있는 아이디어를 생각해 보고 실천해 보세요.

5. 미국 〈타임즈〉 웹사이트에서 세상에서 가장 영향력 있는 100인에 선정된 케냐 여성 오리 오콜로의 이야기를 읽어 보세요.

"왜 아프리카 농부들은
빈곤에서 벗어나지 못할까?"

: '원 에이커 펀드'를 설립한 한국계 청년 앤드류 윤

한국계 청년이자 아프리카에서 사업을 펼치는 앤드류 윤은 '원 에이커 펀드'를 설립해 200만 명의 아프리카 사람들을 빈곤에서 벗어나게 했습니다. 원 에이커는 아프리카 농민 한 사람이 평균적으로 경작하는 농지입니다. 따라서 원 에이커 펀드는 바로 가족의 생존과 자립을 위해 아프리카 농민 한 사람이 경작하는 1에이커(one acre)를 위한 기금이라는 의미입니다.

2005년 8월 미국의 대학생이었던 26세의 한국계 청년 앤드류 윤은 아프리카 케냐를 여행했습니다. 그곳에서 원 에이커를 소유한 케냐의 농부 2명을 만났습니다. 그런데 농부 2명은 똑같은 토지를 가지고서도 한 농부는 나중에 2톤의 식량을 수확했는데, 또 다른 농부는 이에 1/4인 0.5톤을 수확했습니다.

0.5톤을 수확한 농부는 식량이 모자라 극심한 굶주림으로 고통스런 삶을 보내고 비참한 삶을 살게 되었습니다. 이 청년은 똑같은 토지임에도 불구하고 수확량

의 차이가 발생하는 원인에 대해 조사하였고 그 이유가 바로 씨앗의 종자와 비료의 차이란 것을 알게 되었습니다. 품질 좋은 씨앗과 비료만 있으면 아프리카 농부 누구나 일정 수준 이상의 수확량을 거두어 빈곤에서 벗어날 수 있음에도 불구하고 돈과 지식이 없어 수확에 실패하게 되어 극빈층의 삶으로 전락하게 된다는 것을 알게 되었습니다. 만약에 누군가가 아프리카 농부들에게 좋은 씨앗을 제공하며, 농사에 대한 지식을 알려 주면 아프리카 대륙의 수많은 사람들을 빈곤에서 벗어나게 할 수 있을 것이라고 확신했습니다.

원대한 꿈이지만 그 시작은 자신의 작은 돈에서 시작했습니다. 그는 자신의 돈 7,000달러를 투자해 40개 농가에 돈을 대출해 주었고, 전문가를 연결해 농부들에게 농사기법을 가르쳤습니다. 자신의 돈과 교육을 지원받는 농부들은 그해 큰 수확을 거두어 빈곤에서 벗어나게 되었습니다. 이런 작은 성공을 기반으로 그는 '원 에이커 펀드'라는 단체를 설립해서 후원 기업과 후원자들을 모집했고 이를 통해 수많은 농부들이 안정적으로 농사를 지을 수 있도록 지원했습니다. 그 결과 2016년 현재 '원 에이커 펀드'를 통해 지원을 받는 아프리카 농가는 무려 40만 가구이며 한 곳당 5명의 가족들이 있다고 가정하면 약 200만 명의 아프리카 국민들이 빈곤에서 벗어난 셈입니다. 그의 꿈은 2020년까지 이 펀드를 발전시켜 아프리카 대륙의 500만 명의 빈곤을 퇴치하는 것이라고 합니다.

2016년 그는 세계적인 강연가들이 강의하는 TED 콘퍼런스에 초청받아 다음과 같이 연설했습니다.

"전 세계의 10억 명에 달하는 빈곤층은 대부분 농부입니다. 그런데 이상한 것은 이론상으로라면 빈곤은 이미 1세기 전에 근절됐어야 했습니다. 그럼에도 빈곤이 사라지지 않는 이유는 무엇일까요? 바로 분배에서 문제가 발생하기 때문입니다.

만약 좋은 씨앗과 비료, 그리고 농업기술만 제대로 아프리카 농부들에게 제공된다면 아프리카의 빈곤 문제는 사라질 것입니다. 빈곤은 과학의 문제가 아니라 비즈니스의 문제, 전달의 문제입니다."

2005년 한 청년의 작은 꿈으로 시작한 '원 에이커 펀드'를 통해 무려 수백만 명의 아프리카 농민들의 삶이 죽음에서 생명으로 바뀐 것입니다. 그는 미국의 〈파이낸스 타임즈〉와의 인터뷰에서 '원 에이커 펀드'에서 일하면서 받는 월급은 과거 직장생활을 하면서 받는 월급에 비해 4분의 1에도 미치지 못하지만 자신은 지금 인생에서 가장 행복하다 말했습니다. 무엇보다 의미 있는 일을 하는 데서 오는 만족감을 대신할 보상은 없다고 말했습니다. 세계 주요 방송 언론사들은 그에 관한 소개 기사에서 앤드류 윤은 세계를 변화시키는 주인공이며, 정부와 정책결정론자들이 그를 주목하고 있다고 소개했습니다. 200만 명의 삶을 구한 '원 에이커 펀드' 웹사이트에는 다음과 같은 단체의 비전이 있습니다.

- 농부가 가장 먼저입니다. 우리는 소규모 자작농을 위해 봉사합니다.
- 우리가 하는 모든 것에서 농부를 가장 우선시합니다.
- 우리는 더 많은 농부가 더 많은 번영을 누리기 위해 우리 능력을 다 하는 것을 성공의 기준으로 생각합니다.
- 우리는 미래를 향한 위대한 꿈을 꿉니다. 모든 농부 가정들이 큰 수확을 얻을 수 있는 지식을 갖게 될 것이며, 모든 농부 가족들의 건강을 지원할 것이며, 기름진 토양을 경작할 수 있게 될 것입니다.
- 우리는 겸손히 봉사합니다. 우리는 우리의 신발이 진흙 가득한 신발이 되도록 현장에서 농부를 만날 것입니다. 농부는 우리의 고객이고, 우리는 겸손하게 농

부를 섬깁니다.

- 우리는 열심히 일합니다. 우리는 매일 열심히 일합니다.
- 우리는 세계 최고 수준의 전문성과 사업의 탁월함을 향해 실행합니다.
- 농부는 안 좋은 것은 가지지 않을 권리가 있습니다.
- 지속적인 발전. 우리는 매 시즌마다 발전합니다. 우리는 우리의 목표를 성취하기 위해 확고한 태도를 가지고 일하며 우리의 목표 기준을 더욱 높이고 그곳에 도달합니다.
- 가족 같은 리더. 우리는 팀원들을 가족같이 생각합니다. 우리는 최고의 리더들과 함께 하며 장기적인 경력을 쌓아갑니다.
- 우리는 100만 가구의 농부에게 봉사하는 위대한 꿈을 가지고 있습니다.
- 우리는 이 꿈을 실현시키기 위해 모든 아이디어와 해결책을 구상합니다.
- 진실성. 우리는 말한 것을 실천합니다. 우리의 말은 우리의 가치와 일치합니다.

앤드류 윤의 꿈으로 시작한 '원 에이커 펀드'를 통해 지구촌 빈곤 퇴치의 역사가 바뀌고 있습니다. 이 모든 역사의 시작은 바로 한 청년의 꿈이었습니다. 21세기 한국 청년들은 역사를 배우는 세대가 아니라, 역사를 바꾸는 위대한 세대입니다. 한국 청소년 여러분이 오늘 어떤 꿈을 꾸고 있느냐에 따라 아시아, 아프리카, 지구촌 75억 인류의 미래 또한 바뀝니다. 현재 인류가 겪고 있는 빈곤 문제의 원인이 무엇인지 생각해 보고, 한국 청소년이 이를 해결하기 위해 무엇을 할 수 있을지 도전해 보세요. 빈곤 문제에 신음하는 지구촌 곳곳의 아픈 이들을 구해 75억 지구촌을 변화시키는 위대한 꿈을 꾸세요.

지구촌 촌장학교 실천 활동

1. '원 에이커 펀드' 웹사이트에 방문하여 이 단체의 꿈과 비전에 대해 조사해 보세요.
   (http://www.oneacrefund.org)

2. 현재 인류가 겪고 있는 빈곤 문제의 원인이 무엇인지 조사해보고, 이를 해결하기 위해 본인이 실천할 수 있는 일이 무엇인지 생각해 보세요.

3. '원 에이커 펀드'처럼 본인이 미래에 만들고 싶은 단체를 기획해 보세요.

"[아프리카 = 빈곤]이라는 편견을 어떻게 바꿀까?"

: 글로벌 캠페인으로 편견을 깨부수는 단체 '사이'

아래의 노래는 1985년에 당시 전 세계에서 가장 영향력 있는 가수였던 마이클 잭슨이 작곡을 하고 세계적인 유명 가수들이 뜻을 모아 아프리카 난민을 돕기 위해 만든 캠페인 노래 'We are the World'입니다.

There comes a time when we need a certain call

When the world must come together as one

There are people dying

Oh, and it's time to lend a hand to life

The greatest gift of all

We can't go on pretending day by day That someone,

somehow will soon make a change

우리가 어떤 부름에 귀를 기울일 때가 왔습니다.

세계가 하나가 되어야 할 때입니다.

사람들이 죽어가고 있습니다.

오, 이제 우리가 생명의 손길을 빌려주어야 할 때입니다.

모든 것 중에서 최고의 위대한 선물

누군가, 나 대신 어딘가에서 곧 변화를 일으킬 거야 하면서

날마다 모른 척하고 살 수는 없습니다. (중략)

We are the world

We are the children

We are the ones who make a brighter day

so let's start giving

우리는 세계

우리는 신의 자녀

우리는 세상을 더 밝게 만들어 나갈 주인공

이제 나눔을 시작해요.

이 노래는 '아프리카를 위한 미국, 우리는 세계(USA For Africa, We are the World)'라는 제목으로 뮤직비디오로 제작이 되어 절대 빈곤으로 굶주리며, 에이즈와 같은 질병으로 고통 속에서 죽어가는 아프리카 아이들의 모습을 생생히 보여주며 미국 등 서방세계가 아프리카를 돕기 위해 적극적으로 나설 것을 호소하고 있습니다. 세계적인 슈퍼스타들이 한자리에 모여 만든 이 노래는 전 세계 수억 명의 사람들이 뮤직 비디오를 시청했고, 미국과 유럽인들이 아프리카 빈곤을 돕기 위해

다양한 범세계적인 모금 및 후원 캠페인을 전개하게 되는 기폭제가 되었습니다. 이 노래는 30년이 지난 지금도 세계적인 동영상 사이트인 유투브에서 수천만 건 이상의 조회 수를 기록하며 가난, 절망, 질병으로 고통 속에 신음하는 아프리카를 도와주는 캠페인에 단골 메뉴로 사용되고 있습니다.

그런데 아프리카를 돕자는 좋은 취지의 노래와 성공적인 캠페인에 반기를 든 사람들이 등장했습니다. 바로 노르웨이의 학생과 학자들로 구성된 노르웨이 학생 학자 국제 지원 펀드(the Norwegian Students' and Academics' International Assistance Fund, SAIH)라는 단체에 소속된 회원들입니다. 이 단체의 회원들은, 선진국들이 자국의 국민들에게 아프리카를 돕기 위한 모금 캠페인을 하는 영상엔 항상 아프리카는 가난하고 병들어 굶주린 아이들만 등장하고 있으며, 이는 세계인들의 인식 속에 '아프리카=빈곤'이라는 부정적인 이미지만 각인시켰다고 비판했습니다. 서구사회가 만든 뒤틀리고 편향된 아프리카에 대한 부정적인 인식과 편견을 바꾸기 위해 '사이(SAIH)'에 소속된 청년들은 참신한 영상을 기획해서 아프리카를 향한 전 세계인의 인식을 바꾸어나가는 프로젝트를 진행하고 있습니다.

그럼 이번엔 '노르웨이를 위한 아프리카'라는 캠페인에 대해 이야기해 보도록 하겠습니다.

In norway kids are freezing
It's time for us to care
There's heat enough for Norway
If African would share
노르웨이 아이들이 추위에 얼어가고 있어요.

이제 우리가 이들을 돌봐주어야 할 때입니다.

만약 아프리카인들이 따스함을 나누어 준다면

노르웨이는 따스함이 채워질 거예요.

Lets send our heaters all the way

Radi aid to Norway

With a tropical breeze

Here in Africa

Join Radi-aid!

난방기를 모아서 노르웨이로 보냅시다.

아프리카의 따스한 바람으로

라디-에이드(Radi-Aid)에 함께해요!

2012년 마이클 잭슨의 '아프리카를 위한 미국, 우리는 세계(USA For Africa, We are the World)' 뮤직 비디오를 창조적으로 패러디하여 '노르웨이를 위한 아프리카(Africa for Norway)'란 뮤직 비디오가 유투브에 올라갔습니다. 이 영상은 1985년 마이클 잭슨이 절대 빈곤으로 고통 받는 아프리카 어린이들을 도와야 한다며 제작한 'We are the World'에 세계적인 가수들이 모여 합창하는 것처럼, 따뜻한 아프리카 대륙의 청년들이 한자리에 모여 살인적인 추위에 고통 받는 유럽의 노르웨이 국민들을 적극적으로 나서서 구해야 한다며 합창하고 있습니다.

세계적으로 복지가 잘 되어있는 유럽의 노르웨이를 가난한 아프리카 청년들이 도와준다고요? 영상을 처음 보는 사람들은 얼핏 보면 이해가 안 되지만 영상을 다 보면 아프리카 청년들이 왜 노르웨이를 도와주자고 하는지 영상이 의도하는 바가 무엇인지 그 취지를 이해하고 동감하게 됩니다. 이 영상이 주는 메시지는 유럽의 노르웨이가 추위에 고통 받는 아이들만 있는 것이 아니듯이 아프리카 또한 빈곤, 가난, 질병에 고통 받는 아이들만 있는 곳이 아니라고 말하고 있습니다.

만약 아프리카 대륙의 청년들이 '노르웨이를 위한 아프리카' 영상만 보면 노르웨이는 추위로 고통 받아 사람이 살기 힘든 곳이며 수많은 노르웨이 아이들이 고통 속에 죽어간다고 생각할 것이고 '노르웨이=추위', 곧 도움이 필요한 나라로만 생각하게 될 것입니다. 또한 추위에 고통 받는 노르웨이 아이들에게 아프리카 청년들이 주도적으로 모금운동을 전개해 노르웨이에 난방기를 보내준다고 해서 노르웨이 아이들이 추위로부터 해방될 수 없듯이 서구사회가 아프리카를 원조한다며 제공하는 구호물품 또한 난방기처럼 근본적인 문제 해결에는 도움이 안 될 수도 있음을 알리고 있습니다. 서구인들의 시각으로 왜곡된 아프리카 대륙의 모습만 보고 자라난 사람들이 자신들의 생각으로 도움을 주는 방법에 대한 문제를 제기하고 있는 것입니다.

영상을 통해 아프리카에 대한 편견을 바로잡는 글로벌 캠페인을 추진하고 있는 '사이'는 단체 웹사이트를 통해 아래와 같은 캠페인의 취지와 목표를 제시하고 있습니다.

'이 영상 캠페인은 아프리카에 대한 단편적인 묘사를 풍자한 것입니다!'

한번 상상해 보세요. 만약 아프리카의 모든 사람이 'Africa for Norway' 영상을 노르웨이에 대한 유일한 정보로 보고 자라난다면 장차 노르웨이에 대한 어떤 생각을 하게 될까요?

그렇다면 아프리카의 경우는 어떨까요? 여러분은 아프리카에 대해 무엇을 생각하나요? 빈곤, 기아, 범죄, 원조? 아프리카를 돕는 모금 캠페인과 미디어에서 이런 이미지만 보여주기 때문은 아닐까요? 사실은 아프리카 대륙의 많은 나라에서는 긍정적인 발전이 이루어지고 있고, 이런 모습들이 세계인들에게 제대로 알려져야 합니다. 이에 '사이'는 다음과 같은 네 가지를 세계인들에게 제시합니다.

첫째, 모금운동을 전개할 때는 편견과 고정관념을 바탕으로 해서는 안 됩니다.
둘째, 우리는 미디어와 방송, 학교에서 지금 지구촌엔 어떤 일이 일어나고 있는지 더 나은 정보를 제공하기를 원합니다.
셋째, 미디어는 존중을 보여야 합니다.
넷째, 원조는 선한 의도를 바탕으로 하는 것이 아니라 진짜 필요한 것을 바탕으로 해야 합니다.

유튜브에 올라간 노르웨이를 위한 아프리카는 300만이 넘는 조회 수를 기록하며 세계인에게 큰 호응을 일으키고 있습니다. 또한 가디언, 뉴욕 타임즈, CNN, 워싱턴 타임즈 등 전 세계 주요 언론과 방송에서 화제를 일으키고 있습니다.
'사이'는 아프리카를 향한 세계인의 편견을 바꾸어 나가는 'Africa for Norway' 영상 캠페인에 이어 전 세계인의 자유와 평화를 향한 정치 캠페인 등 다양한 글로벌 프로젝트를 전개하고 있습니다.
또한 'Africa for Norway'의 성공적인 캠페인에 이어 이 캠페인의 연장선상에서 '라디에이터 시상식(THE RADIATOR AWARD)' 웹사이트를 구축해 매년 아프리카에 대한 건강한 이미지를 소개하는 영상에는 황금 라디에이터 대상(최고의 광고)을 왜곡된 편견을 조장하는 광고에는 녹슨 라디에이터 대상(최악의 광고)을 선정하고 있습니다.

여러분은 아프리카 아이들 하면 어떤 이미지가 떠오르나요? 혹시 뼈가 앙상한 채 영양실조로 처참하게 굶어 죽어가는 아프리카 아이들의 모습인가요? 아니면 질병과 가난으로 고통 속에서 하루하루를 보내는 아이들인가요? 끊임없는 내전으로 인해 폐허가 된 마을에서 구호단체의 식량을 긴 줄을 서서 기다리는 난민들의 절실한 얼굴인가요? 우리가 흔히 아프리카 하면 빈곤, 가난, 질병, 죽음, 내전, 전쟁 등의 어둡고 희망 없는 처참한 모습만 생각하는 경향이 있습니다. 그리고 이런 생각들은 국제개발원조기관에서 아프리카 아이들을 도와주는 후원 캠페인을 전개할 때 빈번하게 사용되는 사진, 홍보물, 영상에서 비롯된 것입니다.

이렇게 빈곤을 부각해 대중적으로 공감대를 이루어 모금운동의 효과를 보는 사진과 영상물을 빈곤의 포르노(Poverty Pornography)라고 부르기도 합니다.

그런데 문제는 이러한 빈곤의 포르노가 후원금을 모으는 데는 효율적일지 몰라도 아프리카에 대한 있는 그대로의 진실과 미래, 희망을 알리는 데는 오히려 걸림돌이 된다는 것입니다. 아프리카 대륙의 54개 나라 모두가 '아프리카=절대 빈곤'의 모습은 아님에도, 한 번 빈곤 포르노에 중독된 세계인들의 아프리카에 대한 인식은 영원히 고정되어 바꾸기 힘들기 때문입니다.

이제 한국의 청소년과 청년들도 '사이'에서 활동하는 청년들처럼 아프리카에 대한 왜곡된 세계인의 편견을 바꾸고 아프리카의 진실, 가능성, 희망을 전 세계에 제대로 알리는 다양한 프로젝트를 추진해야 합니다.

지구촌 촌장학교 실천 활동

1. 사이 웹사이트(http://saih.no/english)에 방문한 후, 사이 단체처럼 아프리카의 편견을 바꿀 수 있는 활동에는 어떤 것이 있는지 생각해 보고 실천해 보세요!

2. '라디에이터 시상식(THE RADIATOR AWARD)' 웹사이트(http://www.rustyradiator.com)에는 매년 아프리카에 대한 건강한 이미지를 소개하는 광고와 왜곡된 편견을 조장하는 광고를 선정하고 있습니다. 최고의 광고와 최악의 광고를 시청한 후 그 느낌을 적어 보세요.

3. 본인이 본 사진과 영상물 중 '빈곤의 포르노'가 있다면 어떤 내용인지 주변 친구들에게 소개해 주세요.

"교육 불평등을
해소할 방법이 없을까?"

: 교육봉사 민간단체 '티치 포 아메리카'를 세운 웬디 콥

1989년 미국의 프린스턴 대학교에 재학 중이던 웬디 콥은 미국의 저소득층 아이들이 교육의 기회를 제대로 받지 못하고 있다는 사실을 알게 되었습니다. 그녀는 스스로에게 질문을 던졌습니다.

'아이들이 태어난 장소와 가정환경에 따라 교육의 기회가 다르게 주어지고 이를 통해 자신의 인생이 결정된다면 너무 불공평한 일이 아닐까? 게다가 가난한 환경에서 성장하는 아이들은 대학 진학률이 낮고, 실업률이 높으며 무엇보다 범죄에 노출되어 범죄자가 될 확률이 높아진다. 어떻게 하면 이런 불평등을 없앨 수 있을까?' 그녀는 자신의 질문에 답을 찾기 위해 생각에 생각을 거듭했습니다. 아무리 생각해도 답은 한 가지 밖에 없었습니다. 바로 저소득층의 아이들이 가난한 환경과 상관없이 양질의 교육을 받게 하는 것이었습니다.

'그렇다면 어떻게 미국의 저소득층 아이들이 집안 환경에 상관없이 명문 사립

중·고등학교에 재학 중인 학생들처럼 양질의 교육을 받게 할 수 있을까?'

'미국의 명문대 졸업생을 2년 동안만 빈민가나 낙후된 지역의 공립학교에 교사로 보낸다면 가능하지 않을까?'

'프린스턴대, 하버드, 예일대를 졸업한 미국의 우수 인재들이 대학교를 졸업하자마자 연봉과 권력을 얻는 통로인 대기업, 금융기관, 투자회사에 취업하는 것이 아니라, 미국 전 지역에서 가난하고 어려운 경제 환경에 속해있는 저소득 지역의 학교에서 교사로 2년간 학생들을 봉사하며 가르치면 어떨까?'

'만약 막 대학을 졸업한 열정적이고 실력 있는 젊은 엘리트 청년들이 대학졸업 후 자신의 첫 사회생활 2년 동안 미국 전 지역의 소득이 낮아 경제적으로 낙후된 지역의 학교에서 교사로 헌신적으로 봉사한다면, 저소득층 학생들은 열정적이고 실력 있는 교사를 통해 양질의 교육을 받게 되어 아이들의 잠재된 가능성이 비약적으로 성장하게 되지 않을까?'

'교사로 2년간 봉사한 청년들 또한 자신만의 성공과 돈, 명예만 갈구하는 인생관, 성공관에서 벗어나 미국의 교육 불균형 문제를 걱정하고 미국 교육과 미국의 사회를 변화시키는 국가 지도자로 성장하지 않을까?'

그녀는 저소득층의 아이들이 제대로 된 교육 기회를 받지 못하는 교육 불평등이 심각한 상황임을 알게 되었습니다.

프린스턴 대학 졸업 후, 미국 전역의 우수한 대학생들을 선발하여 2년간 도심 빈민 지역의 공립학교로 교사로 봉사하게 하는 비영리 단체 '티치 포 아메리카(Teach For America, TFA)'를 설립하여 1990년부터 사업을 시작했습니다. 그리고 지금까지 2만여 명을 파견하여 근본적인 교육개혁에 앞장서고 있습니다. TFA에 대한 극찬과 지지로 하버드와 프린스턴 등의 유명 대학 졸업생의 10%가 응모하였고,

2007년에는 대학생이 취직하고 싶은 이상적인 기업 순위 10위에 올랐습니다. 그녀는 2003년 '케네디 뉴프런티어 어워드', 2004년 '존 에프 케네디 뉴프런티어 어워드' 등 다수의 상을 수상했고, 2008년 《타임》지 선정 세계 주요인물 100인에도 선정되었습니다. 현재 남편과 4명의 아이들과 함께 뉴욕에 거주하고 있습니다. 그녀가 프로젝트를 성공시켰다고 해서 시작이 쉬웠던 것은 아닙니다. 프로젝트를 시작하자 주변의 많은 사람들이 그녀의 비전에 대해 우려와 걱정을 하였습니다.

미국의 명문대학교를 졸업하는 엘리트 청년들이 미국의 낙후된 지역의 학교에서, 그것도 국가에서 인정하는 정규 교사도 아닌 민간단체에서 파견하는 교사로 2년간 근무하지는 않을 것이라고 많은 이들이 우려하였습니다. 또한 2년간 교사로 근무하게 될 청년들에게 줄 체제비와 월급은 어떻게 마련할 것인가에 대한 걱정도 있었습니다. 하지만 그녀는 포기하지 않고 미국의 주요 기업 CEO들에게 적극적으로 편지를 보내 후원금을 모집하고 미국의 대학교를 대상으로 홍보활동을 전개해 2년간 저소득 지역의 학교에서 학생들을 위해 봉사할 청년들을 모집하였습니다. 미국의 낙후된 시골지역과 가난한 도시 지역의 학교가 우수한 교사를 구하기가 힘든 상황이었기에 이렇게 모집한 인재들이 '티치 포 아메리카'에서 2년간 파견되어 우수한 교사들로 교육 현장에서 제 역할을 해내자 큰 호응을 받았습니다. 무엇보다 '티치 포 아메리카' 소속의 교사들에게 가르침을 받은 학생들의 교육성취도 또한 높아서 대학 진학률이 높아지고 있으며, 미국 교육개혁의 상징안 미셸 리 전 워싱턴 교육감도 이 단체 출신일 만큼 2년간의 교육봉사를 마친 청년들은 미국의 정치, 경제, 사회, 문화 전 영역에서 리더로 성장하여 미국 내 교육 불평등으로 발생되는 사회 문제 해결에 앞장서고 있습니다.

2015년 '티치 포 아메리카'를 통해 배출된 교사들의 수는 2만 8,000여 명, 현재 약 9000여 명의 교사들이 미국 전역의 낙후된 지역에서 교육 불평등 해소를 위해 교육봉사를 하고 있으며 약 300만 명의 학생들이 교육을 받고 있습니다. 미국의 주요언론은 티치 포 아메리카가 미국의 교육부 장관보다 교육개혁을 더 효과적으로 주도하고 있다고 보도하였습니다. 미국의 케네디 대통령이 '피스콥'이라는 국가 차원의 해외봉사 프로그램을 만들어 미래의 나라를 이끌어갈 청년들이 아시아, 아프리카 지역에서 빈곤과 가난으로 고통 받는 저개발 국가의 국민들을 위해 봉사하여 세계를 변화시키는 글로벌 리더로 성장시킨 것처럼 미국의 전 지역의 교육 불평등을 사라지게 하겠다는 웬디 콥의 꿈은 미국의 명문대 졸업생들을 미국 내 가난하고 낙후된 지역에 교사로 보내 미국을 변화시키고 세계를 바꾸고 있습니다. 한 청년의 꿈을 통해 300만 명이 넘는 저소득층의 미국의 가난한 학생들이 최고의 교육을 받을 수 있는 기회가 열렸습니다.

청소년 여러분! 현재 인류가 겪고 있는 교육 불평등 문제의 원인이 무엇인지 생각해 보고, 한국 청소년이 이를 해결하기 위해 무엇을 할 수 있을지 도전해 보세요. 교육 불평등 문제에 신음하는 지구촌 곳곳의 아픈 이들을 구하고, 75억 지구촌을 변화시키는 위대한 꿈을 꾸세요.

지구촌 촌장학교 실천 활동

1. 티치 포 아메리카 사이트에 방문해서 이 단체의 비전에 대해 알아봅시다.
   (https://www.teachforamerica.org/about-us/our-mission)

2. 웬디 콥이 미국의 교육 불평등 문제를 바꾸기 위해 꿈을 꾼 것처럼, 본인이 생각하기
   에 한국이 지금 겪고 있는 가장 심각한 문제가 무엇인지 생각해 보세요.

3. 그 문제를 해결하기 위해 단체를 세운다면 어떤 단체를 세울 것인지 생각해 보세요.

"어떻게 하면 청소년들이
지구촌 변화에 참여할까?"
: 디지털 유엔 '테이킹 아이티 글로벌'을 만든 두 청소년

'어떻게 하면 나와 같은 청소년들이 세계를 변화시킬 수 있을까? 어떻게 하면 나와 같은 청소년들이 지구촌을 변화시키는 일에 주도적으로 참여할 수 있을까?'

1999년, 당시 19살의 한 청소년이 자전거를 타다가 우연히 자기 인생과 전 세계 수백만 명의 청소년들의 미래에 영향을 줄 수 있는 혁신적인 생각을 하게 되었습니다. 그녀는 21세기가 정보통신 혁명 시대이지만, 청소년들이 단순히 인터넷을 사용하는 것 자체로는 세상을 변화시키는 데 충분하지 않다고 생각했습니다.

그녀는 어떻게 하면 정보통신 기술이 청소년들의 열정과 재능으로 세상을 변화시키는 데 활용할 수 있을까 고민을 했고, 그 결과 자신과 비슷한 생각을 가지고 있는 비슷한 또래의 친구를 만나 자신이 생각한 꿈에 대해 이야기를 나누기 시작했습니다.

'왜 청소년들은 아프리카 빈곤, 지구온난화, 테러 등 지구촌 문제에 관심이 없고, 지구촌 문제 해결에 앞장서지도 않을까?'

'유엔과 국제기구에 일하는 전문가들만으로 지구촌 문제가 해결될 수 있을까?'

'청소년들이 지구촌 문제에 관심이 없는 것이 아니라, 청소년들에게 지구촌 문제에 대해 제대로 된 정보를 제공하지 않았던 것이 문제가 아닐까?'

'청소년들 또한 지구촌 문제에 대해 충분히 정보를 갖게 되고, 지구 반대편의 청소년들과 함께 지구촌에서 발생하는 상황에 대해 의견을 나누면 지구촌 문제 해결을 주도할 수 있는 아이디어가 나오지 않을까?'

두 청소년은 대화를 통해 전 세계 젊은이들이 지구촌 문제에 대한 정보를 얻고 지구촌 문제 해결을 위한 자신들의 생각과 아이디어를 공유하며 다양한 실천 활동을 할 수 있는 웹사이트를 만들기로 결심했습니다. 이 두 청소년의 아이디어로 탄생한 것이 바로 오늘날 전 세계 젊은이들의 유엔이라고 말하는 '테이킹 아이티 글로벌(Taking IT Global)' 웹사이트입니다. 이 웹사이트는 인터넷 기술을 활용해 전 세계 청소년들이 21세기 지구촌이 겪고 있는 문제와 도전에 대해 제대로 이해하고 문제 해결에 앞장서서 행동할 수 있도록 도움을 주고 있습니다. 특히 전 세계 초, 중, 고등 학교 교실 현장에서 인터넷과 모바일, 소셜 미디어를 통해 지구촌 문제에 대해 함께 토론하고, 청소년이 주도적으로 지구촌을 바꿀 수 있는 컨퍼런스, 포럼, 워크숍, 실천 캠페인을 기획하고 범세계적으로 실천하고 있습니다.

전 세계 젊은이들이 만든 '청년 유엔'이라고 불리는 '테이킹 아이티 글로벌'은 세계 인권, 난민, 기아, 지구 온난화, 에이즈, 환경 오염 등 전 지구적인 해결과제를 유엔의 대사나 각 나라의 수석 외교관들이 해결하는 것이 아니라 미래 지구촌 세상을 온몸으로 체험하게 될 주인공인 세계 젊은이들이 서로 아이디어를 모아 행동으로 세상을 변화시키자고 이야기하고 있습니다.

2016년 현재 이 웹사이트를 통해 145개 나라에서 50만 명의 회원이 가입되어 있으며 4천 500개 학교의 2만 5천 명의 교사가 참여하고 있고, 교사들은 각자가 속해있는 교실에서 수백만 명의 학생들이 함께 지구촌 문제 해결에 참여하도록 영향력을 끼치고 있습니다. 그리고 테이킹 아이티 글로벌에서 활동하는 젊은이들은 현재 유엔을 비롯한 국제기구가 진행하는 지구촌 문제 해결 컨퍼런스에 초청되어 청소년들의 생각과 아이디어를 발표하고 있으며, 전 세계를 움직이는 국가 지도자가 참여하는 다보스 포럼에 초청받기도 합니다. 또한 구글, 마이크로 소프트사 등 다국적 글로벌 기업들과도 협력하여 지구촌 문제를 해결하는 글로벌 프로젝트를 진행하고 있을 만큼 세계를 변화시키는 주인공으로 나서고 있습니다.

현재 이 단체는 인터넷을 통해 전 세계에서 가장 많은 청소년들이 참여하는 세계 최대 규모의 지구촌 문제 해결 사이트가 되었습니다. 이 단체를 설립한 두 청년은 세계경제포럼(World Economic Forum)에서 선정한 차세대 리더, 포브스에서 선정한 차세대 리더 등 전 세계 주요 언론에서 '세계를 바꾸는 리더'로 선정되었습니다.

하버드 경영대학원 석좌교수로 기술과 기업 혁신에 관한 연구에서 세계적인 경영학자로 인정받는 돈 탭스콧은 그가 저술한 세계적인 베스트셀러 위키노믹스를 통해 테이킹 아이티 글로벌 젊은이들이야말로 디지털 기술을 통해 세계를 바꾸는 세계에서 가장 최고의 사례라 극찬했습니다. 두 청소년의 꿈을 통해 전 세계 곳곳의 50만 명의 청소년들이 지구촌 문제 해결에 대해 주도적으로 나서서 세계를 변화시킬 수 있는 기회가 열렸습니다.

한국 청소년 여러분! 여러분이 교실과 강당에서 교사와 교수에게 교육을 받는 수동적이 대상이 아니라 지구촌 문제를 앞장서서 적극적으로 해결할 수 있는 주인공입니다. 청소년들이 역사를 바꾸는 주인공이 될 수 있는 방법이 무엇인지 생각해 보고 실천해 보세요. 한국과 전 세계 청소년들이 지구촌 문제에 대해 적극적으로 관심과 참여를 할 수 있는 여러분만의 위대한 커뮤니티를 구축해 보세요. 여러분이 만든 커뮤니티로 아시아와 지구촌을 변화시키는 위대한 꿈을 꾸길 간절히 바랍니다.

 지구촌 촌장학교 실천 활동

1. 테이킹 아이티 글로벌 사이트에 방문하여 이 단체의 미션과 비전, 다양한 프로젝트에 대해서 살펴봅시다.
(http://www.tigweb.org)

2. 테이킹 아이티 글로벌 웹사이트의 회원에 가입해 글로벌 이슈에 관해 전 세계 네티즌들이 올린 다양한 아이디어를 읽어 봅시다.

3. 지구촌 문제에 대한 자신의 생각과 아이디어를 남겨 봅시다.

4. 전 세계 곳곳에서 가입한 이 단체의 회원들과 친구가 되어 봅시다.

"지역·소득에 관계없이 누구나 세계 최고 교육을 받을 방법은?"

: '칸 아카데미'를 세워 지구촌 교육 혁명을 일으킨 살만 칸

대학교 총장, 교육부 장관, 대통령이나 유엔 사무총장 등 인류 역사 이래 누구도 시도하지 못한 위대한 교육 혁명이 평범한 한 직장인에 의해서 시작되고 성취된 사례가 있습니다. 혹시 여러분은 '칸 아카데미'에 대해 들어본 적이 있으십니까?

'칸 아카데미'는 평범한 한 청년이 전 세계 모든 이들을 위한 세계적 수준의 무상 교육을 목표로 설립한 교육기관입니다. '칸 아카데미'는 전 세계 최고 엘리트들이 공부하는 하버드 대학교와 옥스퍼드 대학교 등에서 받을 수 있는 세계 최고 수준의 교육을 아프리카와 아시아 곳곳의 지구촌 누구나 소득수준에 상관없이 무료로 듣게 하는 꿈을 품고 있습니다. 말도 안 되는 꿈이라구요? 그런데 이 꿈이 실제 이루어지고 있다면 믿으시겠습니까?

2013년 10월까지 칸 아카데미교육을 이용한 학생은 1,000만 명을 돌파했고 매

년 400%씩 학생 수가 늘어나고 있습니다. 이는 하버드대학교가 1636년 설립된 후 2013년까지 배출된 하버드 졸업생 60만 명의 15배가 넘는 수치이기도 합니다. 4,000개 이상의 세계 최고 수준의 무료 수업 동영상이 제공되고 있으며 가르치는 과목은 기초 수학부터 미적분, 물리에서 경제 금융까지, 미국의 역사에서 프랑스 혁명까지, 유치원부터 대학원 박사과정 이상의 실력을 요구하는 학문까지 확장되고 있습니다. 칸 아카데미에서 하루 300만 개 이상 문제 풀이가 진행되고, 학생들은 5억 개 이상의 연습문제를 풀고 있습니다. 현재 시간과 공간, 언어를 초월하여 전 세계 216개 국가에서 28개 언어로 제공된 교육 동영상을 컴퓨터나 스마트폰으로 이용하고 있습니다. CBS, CNN, ABC방송 등 세계 주요 언론사는 칸 아카데미는 교육계의 혁명을 일으켰다고 보도하고 있으며 세계적인 잡지 《포브스》는 칸 아카데미는 지구상에서 가장 영향력 있는 교육기관이라고 말합니다.

지구촌 교육 혁명을 창조한 '칸 아카데미'의 설립자이자 대표는 바로 '살만 칸'입니다. 그렇다면 살만 칸은 어떻게 지구촌 교육 혁명을 일으키는 혁명가가 될 수 있었을까요? 살만 칸은 어떻게 그 누구도 감히 시도해보지 못한 혁명적인 일을 추진하고 성취할 수 있었을까요? 그 비밀을 알아봅시다.

살만 칸은 자신이 지구촌 교육에 혁명을 창조한 칸 아카데미를 시작한 계기가 아주 사소한 질문에서 시작되었다고 말합니다.

첫째, 왜 세계를 바꿀 엄청난 가능성을 지닌 아이들이 제대로 된 교육을 받지 못하는 것일까요?

아프리카 어느 마을에 사는 어린 소녀에게 암 치료를 발견할 잠재력이 있을 수도 있습니다. 혹은 뉴기니에 사는 어부의 아들이 해양 보존에 믿기지 않을 만큼 엄청난 통찰력을 발휘할지도 모릅니다. 그런데 중요한 사실은 이 아프리카의 어린 소녀와 뉴기니의 어린 소년이 세계를 바꿀 수 있는 엄청난 가능성을 갖고 있음에도 불구하고, 그들의 부모가 돈이 없어서 이들에게 제대로 된 교육을 시켜주지 못한 다는 것입니다. 살만 칸은 다음과 같은 질문을 계속 던졌습니다.

☐ 왜 아무도 그들에게 하버드 대학교의 학생들이 받는 제대로 된 세계 최고 수준의 교육을 시켜주지 못할까?
☐ 왜 세계를 바꿀 수 있는 엄청난 재능을 가진 그들의 재능이 낭비되어야 할 까?
☐ 왜 세계를 바꿀 수 있는 엄청난 재능을 가진 학생들을 가르쳐줄 헌신적인 교사는 없는 것일까?

둘째, 왜 전 세계 학교는 수업 받는 학생들의 수준에는 상관없이 획일화된 수업 을 전개하는 것일까요?

전 세계 학교의 학생들은 상급학교 진학과 명문대 입학을 위한 시험에서 좋은 점수를 얻는 것 이상의 의미가 없는 공부를 위해서 수십 년간 공부를 합니다. 학 생들은 시험이 끝나거나 취업을 하면 자신들이 공부한 내용을 금세 잊어버립니다. 무엇보다 학교에서 교사의 수업을 따라가지 못한 학생들은 곧 수업에 대해 흥미를 잃어버리게 됩니다. 즉 현재 학교 교실 현장은 교사의 수업 진도를 따라갈 수 있는 소수의 엘리트 학생들을 위해 준비되고 교사의 수업에 따라가지 못하는 절대 다 수의 학생들은 교육 진도를 따라가지 못해 수업에 대한 흥미를 잃게 됩니다.

이번에도 살만 칸은 다음과 같은 질문을 던졌습니다.

☐ 왜 학교는 학생들 개개인마다 수업에 대한 이해력이 다른데 같은 시간 동

안, 같은 교실에서 동일한 교육 내용을 가르치는 것일까?

□ 왜 학생들 개개인의 수업 이해 능력을 고려해서 맞춤형 교육을 시켜주지 못하는 것일까?

□ 왜 학교 교실에서는 수많은 학생들이 교사 한 명의 동일한 강의를 일방적으로 들어야만 하고, 집에 와서 저녁에 교사에게 물어볼 기회도 없이 혼자서 숙제를 해야 하는가?

살만 칸은 이 질문들에 대해 바로 자신이 답하기로 결정했습니다.

"바로 내가 학생 개개인의 수업 이해 능력을 고려해 맞춤형 교육을 해보자. 바로 내가 학생들 개개인의 수업 이해 능력을 고려해서 맞춤형 교육을 시켜주자."

살만 칸은 자신의 집에서 사용하고 있는 컴퓨터로 직접 세계 최고 수준의 교육 동영상을 만들고, 이를 인터넷을 통해 전 세계 학생들에게 가르치면 어떨까 하는 생각을 하게 됩니다. 그는 2004년 바로 자신의 방에 작은 칠판을 달고 컴퓨터에 카메라를 달아 아무도 없는 방에서 전 세계 학생들을 대상으로 직접 동영상 강의를 시작했고 강의가 끝나면 바로 유투브에 강의 내용을 올렸습니다. 그가 자신의 집 컴퓨터 앞에서 교사가 되어 교육 동영상에 올리는 데 소요된 비용은 150달러, 우리나라 돈으로 20만 원도 안 됩니다.

이처럼 동영상 교육을 운영하려면 학생들에게 필요한 과목을 가르치는 교수진, 학생들 문의에 답변할 직원, 교육 동영상 편집을 담당할 직원, 사이트 구축을 위한 프로그래머 등 많은 인력이 필요하지만 정작 살만 칸에게 필요한 사람은 단 한 사람, 바로 설립자이자 대표인 살만 칸 자신이었습니다.

낮에는 헤지펀드 분석가로 직장에서 열심히 일하고, 퇴근하면 집 컴퓨터 앞에서 온라인 강의를 하면서 그는 전 세계 학생들이 자신이 만든 교육 동영상에 폭발적으로 반응을 하는 것을 알게 되었습니다. 그는 마침내 이 일에 사명을 느끼고 2009년 직장을 그만두고 '칸 아카데미'에 전념을 하게 됩니다. 그는 지구촌 교육혁명을 위해 혁신적인 교육 기관을 만들겠다거나 전 세계 교육부 장관에게 자신의 교육 방법이 옳다는 것을 증명하기 위해 주장하지 않았습니다. 그는 집에 있는 컴퓨터로 자신이 직접 교사가 되어 인터넷에 교육 동영상을 올렸고 이를 전 세계 학생들이 누구나 원하는 수준에 따라 영상을 볼 수 있도록 했습니다.

"사람들은 자신이 행동하기보다는 누군가가 행동하길 바랍니다. 수많은 사람들은 누군가가 만들어놓은 불평등한 교육 상황에 대해 한탄만 하지 이를 바꾸기 위해 실제로 뭔가를 하지는 않습니다. 전 세계 누구나 세계적 수준의 교육을 제공할 '기술'과 '자원'을 갖고도 제공하지 않는다면 그 상황을 어떻게 정당화할 수 있을까요?"

살만 칸의 이 말은 우리에게 이야기하는 바가 많습니다. 교육이라는 분야가 경제 논리에 빠져서 인류의 생명을 위협하는 각종 자연현상의 공포로부터 자신을 보호하고 안전을 구하는 목표를 상실하고 어느 순간 돈을 벌기 위한 수단이 되고 말았습니다. 그는 사람들이 문제를 느끼지만 회피했거나 당연시하는 문제에 대해 "왜"라는 질문을 자기 스스로에게 던졌고, "왜"라는 질문에 대해 스스로 답했습니다. 그리고 그는 자신의 집에 있는 컴퓨터 앞에 칠판을 두고 자신이 답한 질문에 대한 답을 행동에 옮겼습니다.

그는 그의 자서전 《나는 공짜로 공부한다》(2013, RHK)에서 자신의 꿈을 당당히 밝혔습니다.

"모든 곳의, 모든 이들을 위한 세계적 수준의 무상 교육 제공하기!"
"학생들에게 순수한 배움의 기쁨, 우주의 이치를 이해할 때 느끼는 흥분을 전달하기!"

이 위대한 비전은 그 누구도 아닌 평범한 한 직장인에 의해 성취되었습니다.

 지구촌 촌장학교 실천 활동

1. 칸 아카데미 한국어 사이트(https://ko.khanacademy.org)를 방문해서 자신이 관심 있는 교육 동영상을 시청한 후 소감을 적어 보세요.

2. 살만 칸은 누군가가 만들어 놓은 불평등한 교육 상황에 대해 한탄만 하는 사람들을 보면서, 자신은 이를 해결하기 위한 실천으로 칸 아카데미를 설립했습니다. 불평등한 교육 상황을 바꾸기 위해 여러분이 할 수 있는 것은 무엇인지 생각해 보세요.

"노예 어부가 잡은 해산물이
미국 식탁에 오른 경로는?"

: 펜의 힘으로 동남아 노예 어부를 구출한 네 명의 여기자들

만약 오늘 저녁 여러분의 식탁에 오른 해산물이 지구 반대편에서 강제로 섬에 갇힌 누군가의 가혹한 착취로부터 생산된 노예 노동의 산물이라면 여러분은 식사를 맛있게 할 수 있을까요?

2016년 전 세계 기자들의 노벨상이라 불리는 퓰리처상 100회를 맞아 공공부문 수상자로 AP 통신의 네 명의 여기자들을 선정했습니다. 그들의 이름은 마지 메이슨, 로빈 맥다월, 마서 멘도사, 에스더 투산입니다.

이 기자들의 기사로 미얀마, 라오스, 태국, 캄보디아 등 동남아시아에서 꼬임에 빠져 어선에 감금된 채 고통스럽게 일하던 이른바 '노예 어부' 2,000여 명이 구출되어 사랑하는 가족의 품으로 돌아갔습니다. 여기자들은 세상을 변화시킨 눈부신 활동으로 퓰리처상을 수상했고 전 세계 언론에서 이들의 활동이 보도가 되자 네 명의 기자들이 세상을 바꾸었다는 찬사가 이어지고 있습니다.

그렇다면 이 기자들은 어떻게 노예 어부를 구출할 수 있었을까요? 이들은 인도네시아의 자카르타에서 약 3,000㎞나 떨어진 벤지나섬을 찾아가 창살에 갇힌 사람들과 노예 선원들을 인터뷰하면서 1년 넘는 기간 동안 가혹한 노예 노동의 현장을 취재했습니다. 기자들은 조업 중인 작은 배에 강제로 감금된 노동자들이 선주로부터 살해의 위협에 시달리고, 심한 노동과 매질을 당하며, 고기잡이에 동원되고 있다는 사실을 확인했습니다. 이 과정에서 기자들은 노예 어부들의 참상을 사진으로 찍으려다가 어부들을 감시하는 무장 마피아로부터 생명의 위협을 받기도 했습니다. 그리고 노예 어부들의 취재 결과 근처 묘지에는 강제노동에 의해 사망한 60명의 주검이 묻혀 있다는 사실도 알아냈습니다.

특히 기자들은 동남아시아에서 노예 어부를 통해 생산된 해산물들이 미국의 밥상과 식당에 오르기까지의 연결고리를 찾고자 노력했습니다. 왜냐하면 전 세계 인권단체와 국제기구, 각 나라 정부기관들이 이 문제의 심각성을 파악하고 노예 어부 문제 해결을 위한 조치를 취할 것을 미얀마, 라오스, 태국, 캄보디아 정부에 요청한다 할지라도 해산물을 소비하는 미국 내 유통회사와 소비자들의 각성과 인식의 변화가 일어나지 않으면 이런 악순환은 반복될 것이기 때문입니다.

기자들은 미국의 밥상에 오르는 해산물이 지구 반대편의 누군가의 인권을 착취해서 생긴 결과물이며, 이를 아무 문제의식 없이 소비하는 것은 자유와 인권을 존중하는 미국인의 보편적인 정신에 어긋난다는 사실을 기사로 집중 조명했습니다. 특히 동남아시아 노예 어부들의 착취에 의해 생산된 해산물들이 미국의 월마트와 레드랍스터 같은 레스토랑 체인을 통해 미국의 밥상에 오르는 과정을 소개하고, 이런 유통 과정에서의 문제점을 치밀하게 파헤쳐 미국인들의 각성을 일으키고자 했습니다.

무엇보다 이 기자들이 위대한 이유는 자신들이 취재한 기사를 바로 보도할 경우 어부들의 안전이 위협받을 수도 있다고 판단해서, 관련 정보를 해당 정부에 미리 전달하고 이들을 무사히 안전하게 대피시킨 후에 기사를 공개한 것입니다. 기사를 빨리 보도하는 것보다 취재원의 안전을 가장 최우선으로 생각했기 때문입니다.

　기자들의 보도를 통해 2,000여 명의 노예 어부들이 자유를 찾았고, 이들을 납치해서 강제로 노동력을 착취해 인권을 탄압했던 업주 10여 명은 법의 심판을 받아 감옥에 갔습니다. 그리고 무엇보다 이 기자들이 보도한 기사를 통해 미국 소비자들은 노예 어부들의 심각한 인권 유린을 알게 되어 더 이상 동남아시아에서 불법으로 생산된 해산물이 공급되어 식탁에 올라가는 일도 사라졌습니다. 네 명의 여기자들이 미국인들을 각성시키고 음식물이 공급되는 과정에 대한 인식을 변화시켰으며, 지구 건너편 동남아시아 노예 어부들을 암흑의 세상에서 빛의 세계로 구출해내었습니다.

　어려움에 처한 사람에게 행복과 평화를 얻게 하려면 매우 큰 도움이 필요한 것은 아닙니다. 자신이 해야할 일을 보편적인 진리에 맞게 정당하게 하는 것이 중요합니다. 네 명의 여기자들은 이러한 보편적인 진리를 위해 행동하는 용기가 있었습니다. 불의한 일에 뛰어들 때에는 위험이 따르기도 하는데 이들은 생명의 위협을 느끼는 상황에서도 진실을 보도하여 노예 어부들을 도왔으며, 무엇보다 미국의 대형 유통 업체들의 문제점을 고발하여 미국인들은 물로 세계인에게 음식을 얻는 과정의 불합리한 착취에 대한 인식을 바꾸었습니다. 이들의 기자정신을 본받아 청소년 여러분이 행동하는 용기를 가지기를 바랍니다.

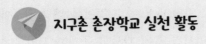
지구촌 촌장학교 실천 활동

1. 퓰리처상 사이트 '공공부분'을 클릭하여 역대 퓰리처상 수상자들의 활동을 소개한 내용에 대해서 살펴봅시다.
   (http://www.pulitzer.org/winners/associated-press)

2. 동남아시아 노예 어부를 해방시킨 AP 기사를 찾아 번역해 보고, 이들의 활동에 대해 이야기해 봅시다.
   (http://interactives.ap.org/2015/seafood-from-slaves)

3. 자신이 기자라면 세상을 바꾸기 위해 어떤 기사를 쓰고 싶은지 취재 기획서를 작성해 봅시다.

"바다 쓰레기를 깨끗이 청소할 수 있는 방법이 있을까?"

: 비영리 단체 '오션 클린 업'을 설립한 네덜란드의 보얀 슬랫

2011년 어느 날, 바다를 좋아하던 16세의 네덜란드의 청소년인 보얀 슬랫은 그리스로 여행을 갔습니다. 그리고 그리스의 바다에서 다이빙을 하며 행복한 시간을 보내고 있었습니다.

바다에서 다이빙을 하던 중 그는 바다 위에 엄청난 양의 플라스틱 쓰레기가 떠다니며 바닷물을 오염시키고 있는 것을 보았습니다. 심지어 바다 속 물고기보다 쓰레기가 더 많은 것을 보고 충격을 받았습니다. 바다의 쓰레기를 본 순간부터 보얀 슬랫의 머릿속에는 쓰레기 문제에 대한 생각이 잠시도 멈추지 않았습니다.

'바다에 왜 이렇게 엄청난 양의 쓰레기가 있는 것일까? 육지에 있는 수많은 사람들이 버린 쓰레기가 결국 바다에 모이게 되고, 그러다가 언젠가 모든 바다가 쓰레기로 뒤덮히지는 않을까?'

'우리가 바다 속 쓰레기를 치우지 않으면 환경오염 문제가 점점 더 심각해지지는 않을까? 바다가 쓰레기로 오염되면 그 안에 사는 수많은 생명체들이 고통 받고, 결국 그 피해가 다시 인간에게 돌아오는 것은 아닐까? 그렇다면 어떻게 하면 바다 쓰레기를 해결할 수 있을까?'

'집의 쓰레기도 일주일만 안 치우면 온 집안이 쓰레기 더미가 될 것이 분명한데 75억 세계인이 바다에 쓰레기를 버리기만 하고 치우지 않으면 인류의 미래는 어떻게 될까?'

그리스 여행에서 돌아온 후에도 그는 그리스 바다에서 본 쓰레기 문제에 대해 끊임없이 생각했습니다. 마침 고등학교 과학 수업 시간에 리포트를 내야했던 그는 그리스에서 보았던 바다 위를 떠다니는 플라스틱 쓰레기 오염 문제에 관해 적극적으로 조사해서 보고서를 쓰기로 마음먹었습니다.

인터넷을 검색해서 환경오염 및 쓰레기 문제에 대한 자료를 찾고 공부를 했습니다. 자료 조사 결과, 그는 바다 쓰레기 문제가 그가 생각한 것 이상으로 심각하다는 사실을 알게 되었습니다. 태평양에는 이미 바다 위 쓰레기로만 이루어진 이른바 거대한 쓰레기 섬이 존재한다는 것도 알게 되었습니다. 이 쓰레기 섬은 1997년 미국 해양 환경운동가인 찰스 무어가 태평양 한가운데서 발견하여 세상에 알려진 섬인데 그 크기가 엄청나서 쓰레기 대륙이라 불릴 정도로 심각하다는 것을 알게 되었습니다. 그의 질문은 꼬리에 꼬리를 물고 이어졌습니다.

'왜 사람들은 바다 쓰레기에 대해 관심을 가지지 않을까? 바다 쓰레기 문제의 심각성을 아는 사람들은 왜 쓰레기를 치우는 것이 불가능하다고만 생각할까? 왜 다들 안 된다고만 생각할까?'

'사람들이 바다 위의 엄청난 쓰레기를 치우는 것이 불가능하다면 바다가 스스로 쓰레기를 치우게 하면 되지 않을까? 집에서 청소할 때 쓰레기를 한꺼번에 모아서 버리는 것처럼 바다에 있는 쓰레기도 한꺼번에 모아서 버리면 되지 않을까?'

그의 생각을 들은 당시 주변 사람들은 바다에 있는 쓰레기를 배로 일일이 수거하려면 엄청난 인력과 예산이 필요해서 해결이 불가능하다고 말했습니다. 그리고 바다에 있는 엄청난 쓰레기 양을 보았을 때 이를 모두 다 수거할 배를 구하는 것도, 예산을 마련하는 것도, 사람을 구하는 것도 불가능하다고 그에게 그만 포기하라고 말했습니다. 그는 그럴 때마다 다시 생각했습니다.

'나도 바다의 엄청난 규모와 그 바다 위에 떠 있는 쓰레기를 수거하는 것이 무모하고 불가능하다고 생각한다. 하지만 기존과 다른 방법으로 이 문제를 해결해 보면 어떨까? 왜 사람들은 배로 바다 쓰레기를 청소하려고만 할까? 만약 바다 스스로 쓰레기를 없앨 수 있게 하면 어떨까? 바다에 있는 해류를 잘 활용하면 쓰레기를 한곳으로 모이게 할 수 있을 것 같은데. 다른 사람들이 못한다면 내가 직접 해류를 통해 바다 쓰레기가 한자리에 모이게 하는 방법을 고안해 볼까? 만약 그렇게만 된다면 쓰레기를 한꺼번에 수거할 수 있지 않을까?'

그는 바다의 해류가 일정한 방향으로 흐른다는 사실을 응용해서 해류의 흐름을 조사해 특정한 곳의 길목을 지킬 수만 있다면 바다의 쓰레기를 한 자리에 모이게 하여 쓰레기를 수거할 수 있다고 생각했습니다. 그래서 해류의 흐름을 바탕으로 바다에 길이 100km, 높이 3m의 V자 모양의 플라스틱 막대와 같은 망을 설치한 후, 막대 속으로 쓰레기가 모아지면 대기하고 있던 배로 한꺼번에 치우면 될 것 같다는 생각을 해내기에 이르렀습니다. 플라스틱 막대는 바닷물 위에 뜨게 해서 물고기들에게는 전혀 지장을 주지 않도록 하면 바다 속 생태계에도 문제가 없을 것이라고 생각했습니다.

마침내 그는 2012년 12월, 17세의 나이로 그간 생각해온 자신의 아이디어를 미국의 비영리재단에서 운영하는 TED 강연회를 통해 알리게 되었습니다. 전 세계적으로 영향력이 큰 TED 강연회에서 그는 자신의 생각을 발표했고, 이후 전 세계 수많은 사람들이 그의 생각에 열광적인 찬사와 지지를 보냈습니다. 100여 명이 넘는 과학자와 엔지니어 등 많은 사람들이 그의 아이디어를 실현시키기 위해 자원봉사로 참여했으며, 200만 달러의 자금도 모였습니다. 2013년, 그는 자신의 아이디어를 직접 실행에 옮기기 위해 비영리 단체 '오션 클린 업'(http://www.theoceancleanup.com)을 설립했습니다.

그는 '오션 클린 업'을 통해 바다 해류를 통한 쓰레기 수거 아이디어를 본격적으로 실행하기 시작했습니다. 그리고 10년 이내에 태평양 쓰레기 섬에 모인 쓰레기의 절반을 없앨 수 있다는 사실을 과학적으로 증명해냈습니다. 그의 방법은 배를 타고 쓰레기를 수거하는 기존의 방식과 비교했을 때 비용은 33분의 1로 줄어들며, 속도는 무려 7,900배가 더 빠르다는 것이 입증되었습니다. 또한 그는 바다 위에서 수거한 쓰레기를 다시 되팔아 수익을 만들고, 이 수익을 다시 쓰레기 수거사업에 투자함으로써 환경 운동을 지속적으로 할 수 있는 획기적인 전기를 마련했습니다. 이러한 그의 공로가 인정 받아 그는 2014년 유엔 환경계획 UNEP의 지구 환경대상에서 역대 최연소 수상자로 선정되었습니다. 현재 그는 단계적으로 바다 위 쓰레기를 수거하고 있으며 2019년부터 본격적으로 태평양 쓰레기를 없앨 계획입니다.

여러분은 네덜란드의 청소년의 이야기를 듣고 어떤 생각이 드나요?

우리나라도 삼면이 바다로 둘러싸여 있어 바다 오염을 피할 수 없습니다. 매년 17만 톤 이상의 쓰레기가 바다로 흘러간다고 합니다. 바다로 흘러간 쓰레기는 바다 속 생태계를 서서히 오염시킬 것이고, 그 피해는 다시 우리에게도 부메랑이 되어 돌아올 것입니다.

한국의 청소년 여러분도 교과서 속에 등장하는 환경 문제에 대해 공부하는 차원을 넘어 직접 환경 문제를 해결할 수 있는 다양한 아이디어와 실천 프로젝트를 구상해 보면 어떨까요? 청소년이라 나이가 어려서, 전문지식이 없어서, 박사학위가 없어서 할 수 없을 것 같다고 생각하는 학생들도 있을 것입니다. 아마 보얀 슬랫이 자신의 나이만을 생각했다면, 환경에 대한 자신의 지식만 생각했다면 그는 결코 바다 쓰레기를 해결하는 혁신적인 프로젝트를 시도할 수 없었을 것입니다.

수많은 청소년들이 바다에서 자신이 좋아하는 다이빙을 하지만, 다이빙을 하면서 보이는 바다 위 쓰레기를 치울 생각을 하고, 직접 실천에 옮기는 사람은 드물 것입니다. 수많은 청소년들이 학교 수업시간에 과제를 제출하지만, 그 기회를 통해 75억 인류가 겪고 있는 심각한 문제를 해결하겠다는 마음가짐을 갖는 친구는 드물 것입니다.

한국의 청소년 여러분! 저는 세상을 바꾸는 데는 실력보다 의지가 중요하다고 생각합니다. 세상을 바꾸겠다는 의지만 있다면 나이가 어리다는 것, 경험이 없다는 것, 지식이 없다는 것은 큰 문제가 되지 않을 것입니다. 하고자 하는 의지와 열정만 있으면 그 외의 모든 것들은 해결할 수 있는 시대가 바로 지금 21세기, 우리가 누리고 있는 시대입니다. 인터넷을 통해 세계의 모든 지식과 정보를 공유할 수 있으며 수많은 사람들의 협력과 지지를 얻을 수도 있습니다. 무엇보다 저는 한국 청소년 여러분의 잠재력에 대해서 자신감을 가지길 바랍니다. 2012년 OECD가 조사한 전 세계 청소년 핵심 역량지수에서 한국 청소년은 32개국 중 2위를 기록했습니다. 한국 청소년의 지적 능력이 세계 최고 수준인 것입니다.

한국 청소년 여러분, 지금 인류가 겪고 있는 문제를 교과서 속의 시험과 암기의 대상으로만 보지 말고, 청소년 여러분을 대신해 누군가 해결할 수 있다고 생각하지 말고, 여러분 자신이 직접 환경오염 문제를 해결할 수 있다는 생각을 가지고 앞장서보세요. 어쩌면 지금 인류가 겪고 있는 심각한 문제의 원인이 다른 누군가가 아닌 바로 여러분에 의해서 해결될 수도 있다는 생각을 해보세요. 지구촌 곳곳의 문제를 해결하는 주인공이 되어 75억 지구촌을 변화시키는 위대한 주인공, 바로 한국 청소년 여러분입니다.

 지구촌 촌장학교 실천 활동

1. '오션 클린 업' 웹사이트에 방문하여 단체의 꿈과 비전에 대해 조사해 보세요. (http://www.theoceancleanup.com)

2. 현재 인류가 겪고 있는 환경오염 문제의 원인이 무엇인지 조사해 보고, 이를 해결하기 위해 본인이 실천할 수 있는 일이 무엇인지 생각해 보세요.

3. '오션 클린 업' 단체처럼 본인이 미래에 만들고 싶은 단체를 기획해 보세요.

4. 유엔환경계획(UNEP)의 '지구환경대상'(Champion of the Earth) 역대 수상자들의 활동에 대해 조사해 보세요. (http://web.unep.org/champions)

"전쟁과 테러 없는 세상을
만들려면 뭘 해야 할까?"

: 국제 대학생 네트워크 '아이섹'을 만든 7인의 청년

인류 역사의 최악의 비극, 2차 세계대전. 이 전쟁은 1939년 9월 1일부터 1945년 9월 2일까지 독일, 이탈리아, 일본과 미국, 영국, 프랑스, 소련 등 연합국 사이에서 벌어졌습니다. 2차 세계대전으로 인해 수천만 명이 사망했고 민간인 희생자도 약 3천만 명에 달해, 인류 역사상 가장 많은 피해와 희생자가 발생한 전쟁으로 기록됩니다. 전쟁 후 나치 홀로코스트의 유대인, 폴란드인 학살 등의 후유증을 비롯해 유럽 국가들 사이에는 상대방 국가와 국민들을 대상으로 적대감, 불신, 증오 등이 팽배해져 심각한 문제가 발생하게 되었습니다. 다시는 인류 역사상 이런 전쟁의 비극이 발생해서는 안 된다는 공감대가 형성되어 전승국인 미국, 영국, 프랑스, 소련, 중국을 중심으로 1945년 10월 24일 국제연합이 창설되었습니다.

국제 연합과는 별도로 유럽의 청년들 또한 움직이기 시작했습니다. 전쟁에서 살아남은 유럽 청년들은 전후 폐허가 된 유럽을 재건하고, 다시는 이런 끔찍한 전쟁이 인류 역사에 발생하지 않기 위해 무언가 새로운 결단을 해야 한다고 생각했습니다. 1946년 이런 공감대를 가진 핀란드, 스웨덴, 벨기에, 프랑스, 노르웨이, 네덜란드, 덴마크의 일곱 명의 젊은 유럽 청년들이 프랑스의 한 카페에 모여 자유롭게 대화를 나누었습니다.

"유럽에서 시작된 세계 전쟁으로 인해 수천만 명이 사망하고 인류 역사에 큰 오점을 남기게 되었어. 우리가 다시 세계 역사에 기여할 수 있는 방안이 없을까?"

"전쟁으로 인해 유럽 국가들의 수많은 국가 지도자들이 단기간에 목숨을 잃었어. 리더십을 가진 리더를 키우는 것이 무너진 유럽을 다시 일으키는 가장 좋은 방법이라 생각해."

"맞아! 정치, 경제, 사회, 문화 등 한 세대를 이끌어갈 지도자들이 모두 사라져 유럽이 리더십 공황을 맞게 되었어. 유럽의 차세대 젊은이들의 리더십을 키울 수 있는 방법이 없을까?"

"전쟁 후에 나타난 유럽의 다양한 사회, 정치, 외교, 경제 문제점들을 해결하기 위해서는 유럽 국가들 청년들이 자주 모일 수 있는 기회가 마련되어야 해. 그래서 이들이 서로의 지혜를 모아 유럽이 처한 문제 해결에 앞장서도록 해야 해."

"다시는 이런 전쟁이 발생하지 않기 위해서는 무엇보다 유럽의 국가 간 젊은이들이 국가와 민족을 초월해서 꿈과 우정을 나누며 서로를 이해할 수 있는 국제교류 프로그램을 시작해야 한다고 생각해."

"그렇다면, 여기 모인 청년들이 주도가 되어 국가 간 장벽을 허물 수 있는 국제 청년 학생 교류 프로그램을 시작하고, 이 프로그램을 통해 유럽을 이끌어나갈 청년들의 리더십 역량을 키워나가면 어떨까?"

이 자리에 모인 일곱 명의 유럽 청년들은 자유로운 토론을 통해 어떤 비용과 대가를 치르더라도 유럽에서 다시는 이런 전쟁이 발생하지 않도록 세계 평화를 위해 자신들이 기여해야 한다는 강한 열망과 공감대가 생겼습니다. 이들은 또한 2차 세계대전으로 인해 이 세대의 수많은 리더들이 사망했고, 따라서 유럽에 새로운 세대의 리더를 배출하는 시스템을 구축해서 이들로 하여금 무너진 유럽을 회복하고 세계를 변화시킬 책임을 주어야 한다고 생각했습니다. 이를 위해서 유럽 국가들의 국경을 넘어 하나가 될 수 있는 국제 청년 교류 프로그램을 만들고, 이것을 통해 전쟁 이후 유럽 국민 사이에 싹트는 분노와 미움, 적개심을 사라지게 하고 서로를 이해하고 우정을 나누며 평화를 만들어낼 수 있는 다양한 리더십 개발 활동을 전개하는 단체를 만들면 좋겠다고 생각했습니다.

이렇게 일곱 명의 모임에서 시작된 대화와 아이디어를 바탕으로 1948년 체코슬로바키아의 야로슬라프 치히, 프랑스의 장 쇼플랭, 벨기에의 스타니슬라스 샬린스가 주축이 되어 '아이섹(AIESEC)', 즉 국제리더십 학생협회가 창립되었습니다. 이렇게 1948년 유럽의 한 작은 모임에서 시작된 아이섹은 현재 전 세계 100만 명 이상의 청년들이 참여한 세계 최대 규모의 청년 리더십 역량 개발·단체로 성장하였습니다.

그렇다면 아이섹은 어떤 방법으로 전쟁 없는 세계를 만들어 나가고 있을까요?

아이섹은 유럽 젊은이들이 전쟁과 테러를 막기 위해 그들의 잠재력과 역량을 개발하는 것만이 2차 세계대전과 같은 비극을 막을 수 있다고 생각했습니다. 이들은 세상을 바꾸는 변화의 시작은 사람들의 생각이 모두 다르다는 것을 인정하는 것부터 시작된다고 생각했습니다. 그래서 전 세계 대학교에 아이섹 지부를 설립해 대학생들이 국가 간의 경계를 뛰어 넘어 교류하고 서로의 역사와 문화 차이를 이해할 수 있는 다양한 현지 자원봉사 활동과 세계를 변화시킬 수 있는 리더십을 발전시킬 수 있는 국제교류 프로그램을 만들어냈습니다. 또한 단순히 학생들만의 자원봉사 및 교류 프로그램만으로는 청년들의 리더십 역량 개발에 한계가 있다고 보고, 현지 국가의 공신력 있는 기업과 민간단체를 아이섹 파트너로 동참시켜 아이섹에 가입된 청년들이 외국에서 기업 인턴십을 할 수 있는 기회를 제공했습니다. 이러한 경험을 통해 세계 곳곳의 청년들은 세상을 바꿀 수 있는 실력을 키워나갈 수 있었습니다.

아이섹은 청년들이 다양한 기회를 통해 자신의 잠재력을 발전시켜나가고, 이러한 경험을 통해 자신이 속한 지역과 사회, 국가를 변화시킬 수 있다고 생각했습니다. 청년들이 세상에 긍정적인 영향을 줄 리더로 성장하면 그것이 곧 세상을 변화시키는 가장 효과적인 방법이라 확신했습니다.

아이섹의 비전은 세계 평화와 청년들의 인간 잠재력의 실현입니다. 이 비전을 성취하기 위해 세계 곳곳의 대학 캠퍼스에서는 아이섹 청년들이 움직이고 있습니다. 1948년 세 명의 평범한 청년들이 시작한 아이섹은 현재까지 약 70년의 기간 동안 100만 명 이상이 가입하여 대학 시절에 글로벌 리더십을 키워나갔으며, 이들 중에 노벨상 수상자, 국가 지도자, 세계적인 기업과 국제기구의 CEO 등 세상을 변화시키는 혁신적인 리더가 탄생하였습니다. 현재 전 세계 126개 나라에서 2천 4백 개의 대학과 1,500개의 기업이 참여하고 있으며 6,500건의 인턴 제공과 21,083건의 자원봉사 기회를 제공하고 있습니다.

언젠가 제가 아이섹으로 활동하는 캐나다 청년들에게 "아이섹을 통해 세상을 바꾸어 나간 구체적인 증거와 사례가 있나요?"라고 질문하였습니다. 그러자 청년은 "제가 사는 캐나다에 헤비타트란 단체가 있습니다. 이 단체는 24초마다 한 채의 집을 지어 30년 동안 20만 개의 집을 지었습니다."라고 답하였습니다. 참으로 엄청난 양입니다. 많은 집을 지어 어려움에 처한 사람들을 돕는 이 훌륭한 일을 하는 헤비타트라는 단체에 대해 새삼 놀란 것은 이 단체의 대표가 자신의 청년 시절에 아이섹에서 활동하며 인류를 위한 비전에 동참한 청년이었습니다. 세상을 변화시킨 헤비타트의 대표는 청년 시절 아이섹의 경험이 중요한 리더십의 시작이었다고 말합니다.

지금은 과거 2차 세계대전과 같은 긴장은 사라졌지만 21세기 지구촌은 우리가 꿈꾸는 평화로운 세상과는 한참 떨어져 있습니다. 여전히 지구촌 곳곳에는 기아, 빈곤, 죽음, 폭력, 증오, 혼란이 발생하고 있습니다. 아이섹 청년들은 바로 이러한 문제를 해결할 수 있는 청년들을 끊임없이 키워나갈 것입니다. 캐나다 청년은 저에게 70년의 아이섹 역사 속에서 청년 시절 국가를 뛰어넘는 아이섹의 국제 학생 교류 프로그램을 통해 전쟁 없는 세계와 더 나은 지구촌을 만들기 위한 수많은 사례를 들려 주었습니다.

앨버트 아인슈타인은 "어떠한 문제든 그것이 만들어진 프레임 안에서의 생각으로는 문제 해결을 위한 해결책을 찾을 수 없다."고 말했습니다. 즉 그 문제가 만들어진 프레임과 환경 밖에서 문제 해결책을 생각해 보는 것도 문제해결을 위한 창조적인 방법일 수 있습니다. 2차 세계대전 후에 다시는 인류 역사에 전쟁이 발발하는 것을 막기 위해 유럽의 한 카페에서 모인 일곱 명의 평범한 청년들의 아이디어와 생각, 그리고 세 명의 위대한 결단으로 시작한 청년 단체, 아이섹! 아이섹은 역사적으로 70년이 넘는 오래된 단체지만, 이 단체 웹사이트에서는 여전히 아이섹은 청년이 중심이 되어 운영하는 청년 자치 단체라고 소개하고 있습니다.

그렇습니다. 아이섹은 젊은 단체입니다. 이 단체는 항상 새로운 청년들이 기존의 세대와는 전혀 다른 방법을 통해 전쟁을 막고 세계 평화에 기여할 수 있는 방안을 찾아내어 세상을 바꾸어나가고 있기 때문입니다.

오늘 여러분은 세상을 바꾸기 위해 어디에서 누구를 만나고 어떤 대화를 나누고 있습니까? 한국 청소년 여러분이 오늘 누구를 만나고 어떤 대화를 나누었는지에 따라 한국의 미래뿐 아니라 동북아시아의 미래, 나아가 지구촌 75억 인류의 미래 또한 달라질 수 있습니다.

 ### 지구촌 촌장학교 실천 활동

1. 아이섹 사이트에 방문하여 이 단체의 미션과 비전, 다양한 프로젝트에 대해서 살펴봅시다. (http://aiesec.org)

2. 아이섹의 인턴십과 자원봉사 활동에 참여해 봅시다.

3. 전 세계 곳곳에서 활동하고 있는 이 단체의 회원들과 친구가 되어 봅시다.

4. 동북아시아의 평화와 공동 발전을 위해 한국과 일본, 중국 간의 협력 및 교류 아이디어에 대해 생각해 봅시다.

5. 전후 유럽처럼 동북아시아에는 한국과 일본, 중국과 일본, 한국과 중국 사이에 다양한 영토와 역사 문제로 갈등을 겪고 있습니다. 동북아시아의 긴장을 억제시키고 평화를 만들어 나갈 수 있도록 한국형 아이섹과 같은 단체를 기획하고 만들어 봅시다.

"어떻게 하면 편견 없이
세계인이 친구가 될까?"

: 우편 편지로 세계를 하나로! '포스트 클로싱'의 파울로 망갈레스

'어떻게 하면 편견 없이 세계인들과 친구가 될 수 있을까?' 하는 의구심을 품은 한 청소년의 작은 아이디어로 전 세계 215개 국가의 55만 명이 넘는 사람들이 국가와 문화적 배경을 초월해서 친구가 되었다면 믿을 수 있을까요?

네트워크 전문가들은 지구촌에 75억이라는 엄청난 인구가 있더라도 6명만 거치면 그 누구라도 만날 수 있을 만큼 지구촌은 우리가 생각하는 것 이상으로 촘촘하게 연결되어 있다고 합니다. 굳이 네트워크 전문가의 연구와 이론을 자세히 살펴보지 않더라도 사람들은 인터넷과 스마트폰의 사용으로 세계는 이미 하나의 지구촌 가족이라고 할 수 있습니다. 그렇다면 실제로 여러분도 그렇게 느끼고 있나요? 저는 지구촌이 설명한 것만큼 실제로 가깝고 친밀하게 느껴지지는 않습니다.

예를 들어, 지구상의 어떤 나라에서는 식량이 모자라 수많은 사람들이 빈곤과 가난에 굶주리지만, 또 다른 곳에서는 식량이 남아돌아 엄청난 양의 음식물이 쓰레기로 버려지고 있는 사실을 알면서도 이것은 나와 상관없는 남의 일로 여깁니다. 또한 지구촌 북반구에 위치한 미국, 유럽 등 선진국에서 테러가 발생해 죄 없는 누군가가 희생당하면 전 세계 방송과 뉴스에 보도되고 지구촌 전체가 슬픔으로 가득차지만 남반구에 위치한 아프리카, 아시아 등지에서 내전, 분쟁, 테러로 수많은 사람들이 죽어가는 소식은 세계 언론과 방송의 단신 뉴스에서조차 보기 힘들만큼 세계인의 관심에서 소외되고 있는 경우도 많은 것 같습니다.

어떻게 하면 우리가 사는 75억 지구촌이 이론으로만 하나로 연결되는 것이 아니라 실제 가족처럼 애정, 관심, 사랑으로 친밀하게 연결될 수 있을까요? 만약 75억 세계인이 국가, 민족, 성별, 종교, 가치관을 뛰어넘어 꿈과 우정을 나눌 수 있는 친구가 되면 가능하지 않을까요?

포르투칼의 한 청소년으로부터 시작된 작은 아이디어와 실천이 75억 세계인을 '남이 아닌 친구'로 연결시키고 있습니다. 바로 '포스트 클로싱' 프로젝트입니다. 포스트 클로싱 프로젝트는 전 세계 사람들과 엽서를 주고받으며 꿈과 우정을 나누는 온라인 프로젝트입니다.

이 프로젝트는 포르투칼의 파울로 망갈레스라는 한 청소년의 아이디어에서 시작되었습니다. 파울로는 편지와 엽서를 가까운 친한 친구들 더 나아가 지구 반대편 세계 곳곳의 외국인들로부터 받는 것을 좋아했습니다. 그리고 아무리 인터넷과 스마트폰 등 첨단 기술로 지구촌이 하나로 연결되었다 할지라도 모르는 누군가와 연결된 것은 아무 의미도 없다고 생각했습니다.

'어떻게 하면 지구촌의 사람들과 조금 더 친밀하게 마음을 나눌 수 있을까? 펜팔로 세계인들과 마음을 나눈다면 가능하지 않을까?'

하지만 엽서나 편지로 사람들과 마음을 나누는 펜팔은 보통 자신과 친한 사람들과 교류하거나, 혹은 자신이 사귀고 싶은 누군가를 선정해 교류한다는 한계가 있습니다. 또한 펜팔을 할 때 우리는 사람들의 나이, 국가, 이름, 자기소개를 보게 되고, 그런 정보는 선입견과 편견을 형성해서 자신이 원하는 사람하고만 교류하게 됩니다. 그래서 그는 펜팔할 때 어떤 사전 정보 없이 전 세계 곳곳의 사람들과 친밀하게 교류할 수 있는 아이디어는 없을까 고민했습니다.

결국 그는 포스트 클로싱이란 프로젝트를 통해 불특정한 세계인들과 친구가 되는 웹사이트를 만들었습니다. 이 사이트에 가입하면 엽서로 전 세계 곳곳의 세계인과 편견 없이 친구가 될 수 있습니다. 사이트에 가입해서 회원가입을 하고 엽서를 받을 주소를 입력한 후 간단한 자기소개를 하면 자신이 전혀 모르는 지구촌 곳곳에서 이 사이트에 가입된 또 다른 회원들의 주소가 전달됩니다. 이때 자신에게 랜덤 방식으로 주어진 회원들의 주소로 엽서를 보내면 자신 또한 또 다른 누군가로부터 엽서가 배달이 되고, 이런 과정을 거쳐 지구촌 곳곳의 세계인들과 편견 없이 꿈과 우정을 나누게 됩니다. 사이트 내에서 자동적으로 할당된 전 세계 곳곳의 회원들과 서로 엽서나 편지를 주고받으면 자동으로 이 사이트에는 실시간으로 엽서가 오고가는 상황들을 알 수 있습니다. 그 결과 2015년 세계 213개국에서 55만 명이 넘는 회원들이 가입하였고, 회원들 사이에서 3천만 통이 넘는 엽서가 교류되고 있으며, 이 엽서들이 국가 간 이동한 거리는 1,500억km가 넘습니다.

한 청소년이 취미로 시작한 작은 프로젝트가 전 세계 55만 명이 참여하는 글로벌 프로젝트로 발전이 되었으며, 이 아이디어로 수많은 사람들이 서로의 다른 문화, 역사, 언어, 가치관을 넘어 친밀한 친구가 되고 있습니다. 수많은 사람들이 국가 간 장벽과 문화의 차이를 넘어 조금 더 서로를 이해하고 친구가 될 수 있는 기회가 열렸습니다.

한국 청소년 여러분! 한국과 전 세계 청소년들이 지구촌을 하나로 연결할 수 있는 프로젝트를 추진해 보세요. 여러분이 추진하는 프로젝트로 지구촌을 변화시키는 위대한 꿈을 꾸세요.

 지구촌 촌장학교 실천 활동

1. 포스트 클로싱 단체 소개 사이트(https://www.postcrossing.com/about)를 방문하여 이 단체의 프로젝트에 대해 조사해 보세요.

2. 포스트 클로싱에 가입해서 외국 친구를 사귀어 편지를 보내 보세요.

3. 포스트 클로싱을 통해 전 세계 수많은 사람들이 국가 간 장벽과 문화의 차이를 넘어 조금 더 서로를 이해하고 친구가 될 수 있는 기회가 열렸습니다. 여러분도 전 세계 청소년들이 꿈과 우정을 나눌 수 있는 프로젝트를 기획하고 실천해 보세요.

"왜 여성은 교육 받지 말라는 걸까?"

: 탈레반에 맞서 교육받을 권리를 주장한 소녀 말랄라 유사프자이

작은 펜 하나로 세상을 바꿀 수 있을까요? 최연소 노벨 평화상을 수상한 한 소녀는 한 명의 어린이가, 한 사람의 교사가, 한 권의 책이, 한 자루의 펜이 세상을 바꿀 수 있다고 말합니다.

2012년 10월, 학교에서 집으로 돌아가는 버스 안에서 복면을 쓴 남성이 15세 어린 소녀의 머리에 총 3발을 쏜 뒤 달아났습니다. 그 총알은 소녀의 머리를 관통했고, 소녀는 기적적으로 살아났지만 왼쪽 얼굴이 움직이지 않고, 왼쪽 귀는 들리지 않는 후유증을 얻게 됩니다. 단지 여학생들도 학교에 제대로 다닐 수 있기를 바라고, 이를 주장했던 소녀는 여성의 교육을 금지하려는 탈레반 무장 대원에게 살해 위협을 받은 것입니다. 이 소녀는 17세의 나이로 2014년 최연소 노벨 평화상을 받은 여성 인권 운동가 말랄라 유사프자이입니다.

말랄라는 1997년 파키스탄에서 태어나 아프가니스탄과 인접해 있는 파키스탄 북부의 슈와트 마을에서 자란 소녀입니다. 파키스탄은 학교에 가지 못하는 소녀들이 세계에서 두 번째로 많습니다. 특히 말랄라가 살던 슈와트 마을은 남아선호사상이 강해 아이가 태어나면 축포를 터뜨리며 축하했지만, 여자아이가 태어나면 우울해하는 분위기가 있었습니다. 또한 이 마을은 아프가니스탄과 인접해 있어, 여성에 대한 교육을 금지하는 탈래반의 점령이 빈번해지면서 여자아이들을 위한 교육은 열악한 상황이었습니다. 하지만 교육자이자 시인인 말랄라의 아버지는 달랐습니다. 여자아이들도 동등한 교육을 받을 수 있어야한다는 신념으로 학교를 세워 여자아이를 가르쳤고, 말랄라 역시 이곳에서 우등생이었으며 매우 열심히 공부했습니다.

그러던 중 탈레반이 슈와트 지역까지 진출하면서 이 지역의 문명과 문화를 없애기 시작했습니다. 탈레반은 아프가니스탄 남부를 중심으로 거주하는 파슈툰족을 중심으로 출발한 정치 조직입니다. 극단적 이슬람 근본주의 정책으로 특히 여성 인권과 자유를 억압하고, 여성의 교육을 전면금지하고 있습니다. 탈레반은 슈와트 지역에서 불상과 같은 오래된 유산을 파괴했고 텔레비전, DVD, CD들도 모두 없애고 여학생들이 학교를 다니는 것도 위협을 가해 강제로 다니지 못하게 하였습니다.

이러한 탈레반의 반인륜적이고 비인도적이며, 반문명적인 행동을 세계에 알리기 위해 영국의 BBC방송에서는 탈레반 점령 지역의 여교사 혹은 여학생을 찾고 있었습니다. 많은 사람들이 탈레반에 대한 두려움에 선뜻 지원하지 못했지만, 11세의 말랄라가 용기를 내어 지원했고, '굴 마카이'라는 이름으로 BBC 방송 우르두어 블로그에 탈레반의 통치로 인해 억압되고 탄압된 인권 현실을 고발하고, 여성교육의 현실과 여성 교육을 위해 싸우는 자신의 가족 이야기, 본인의 생각 등을 연재했습니다. 신변의 위협을 막기 위해 필명으로 글을 연재했으나, 말랄라의 글이 세계의 주목을 받게 되었고 이로 인해 탈레반의 만행이 더욱 널리 알려지게 되면서 신분이 노출되어 탈레반으로부터 살해위협을 받게 됩니다.

탈레반 무장 대원의 암살시도에서 가까스로 목숨은 유지했지만, 총상으로 중대한 부상을 입은 말랄라 유사프자이는 안전을 위해 사랑하는 조국을 떠나야만 했습니다. 탈레반은 말랄라가 여성 교육에 대한 목소리를 내지 못하게 살해위협을 가했으나, 그들의 의도와 달리 15세의 작은 소녀에게 행한 무자비한 테러로 세계인이 경악했고, 세계인의 이목이 파키스탄의 여성 교육 문제에 집중되었습니다.

2013년 7월 12일, 말랄라가 만 16세 생일이 되던 해 그녀는 유엔에서 청년 대표로 여성과 아동이 그 어떤 것에도 방해받지 않고 교육을 받을 수 있도록 국제사회에 호소했습니다.

"탈레반은 제 왼쪽 이마에 총을 쐈습니다. 그들은 제 친구들도 쐈어요.
그들은 그 총알로 우리 입을 막을 거라 생각했겠죠. 하지만 변한 건 없습니다.
오히려 약함, 두려움, 절망이 사라졌고 힘, 능력, 용기가 태어났습니다.
전 그때와 똑같은 말랄라입니다.
제 야망도 변치 않았습니다. 제 희망도 마찬가지고요. 제 꿈도 똑같습니다.
우린 어둠을 접할 때 빛의 중요성을 깨닫습니다.
우린 잠자코 있어야 할 때 목소리의 중요성을 깨닫습니다.
우린 말의 힘과 파급력을 믿습니다.
책과 펜을 듭시다. 그것이야말로 가장 강력한 무기입니다.
한 명의 아이, 한 명의 선생님, 한 권의 책, 한 개의 펜이
세상을 바꿀 수 있습니다."

유엔은 말랄라의 활동과 비전을 기리며, 말랄라의 생일을 '말랄라의 날'로 지정했습니다. 파키스탄에서는 말랄라로 인해 여성 교육에 대한 운동이 일어났고, 여학생 교육과 권리를 보장하기 위한 법안이 통과되었습니다. 또한 영국의 전 총리이자 유엔 글로벌 교육 특사였던 고든 브라운은 "나는 말랄라다(I am Malala)"라는 이름으로 전 세계 모든 어린이들이 학교에서 공부할 수 있도록 하자는 캠페인을 진행하였습니다.

세상을 바꾸는 일에 나이, 지식, 능력은 큰 문제가 되지 않습니다. 파키스탄의 10대 소녀 말랄라는 여성에게 교육을 금지하려는 탈레반의 테러와 살해 위협에도 굴하지 않고 여성의 교육 권리를 호소하는 활동을 했고, 17세의 어린 나이에 역대 최연소 노벨평화상 수상자로 선정되었습니다. 수백만 명의 어린이들의 투표로 선정되는 세계 어린이상을 비롯해 인권과 자유 수호에 공헌한 개인이나 단체에 수여하는 사하로프상 등을 수상하기도 하였습니다.

현재 말랄라는 아버지 지아우딘 유사프자이와 함께 '말랄라 재단'을 통해 전 세계 여성과 아동의 교육을 위한 활동을 이어가고 있습니다. 세계 모든 여자아이들이 12년간의 교육을 받을 수 있게 하는 것을 목표로 파키스탄, 나이지리아, 시리아, 케냐, 시에라리온 등 여자아이들을 위한 교육이 열악한 곳에서 삶의 기본 지식이 되는 기초교육을 비롯한 중등교육, 빈곤 해결을 위한 직업교육을 진행하고 있습니다.

펜 하나로 세상을 바꿀 수 있다는 말에, 사람들은 고개를 갸우뚱 할지도 모릅니다. 하지만 자신이 쓴 글 하나로 여성과 아동의 교육에 대한 세계의 관심을 모았고, 그녀의 활동에 대한 세계인의 지지와 참여로 교육을 위한 법과 제도가 바뀌고 있으며, 학교가 세워지고, 더 많은 아이들의 손에는 책과 펜이 들려졌습니다. 작은 10

대 소녀인 말랄라의 용기와 도전은 지구촌에 희망의 역사를 쓰고자 하는 전 세계 청소년들에게 큰 용기를 주고 있습니다.

 지구촌 촌장학교 실천 활동

1. 말랄라 재단 웹사이트를 방문해 재단의 활동을 조사해 보세요.
   (https://www.malala.org)

2. 여러분이 말랄라처럼 여러분의 이름을 딴 재단을 만든다면 어떤 꿈, 활동을 추진하는
   재단을 만들고 싶은지 재단 설립 기획서를 작성해 보세요.

3. 말랄라처럼 여러분이 세상을 바꾸고 싶은 것을 매일 매일 블로그나 SNS를 통해 작성
   하고 주변에 알려 보세요.

"왜곡된 일본 역사를 어떻게 바로잡을 수 있을까?"

: '피스보트'로 일본 침략전쟁의 진실을 찾는 일본 청년들

여러분은 1982년 일본 역사교과서 파동에 대해 들어본 적이 있나요? 1982년 일본 문부과학성이 일본 우익단체들의 요구로 고등학교 역사교과서에 과거 제국주의 일본이 한국과 중국 등 아시아 국가들을 "침략했다"라는 기존의 교과서 서술 내용을 "진출했다"라고 고치며 일본 제국주의 침략에 대한 부정을 시도했습니다.

이에 일본 제국주의 피해 국가인 한국과 중국 등 아시아 국민들이 분노하며 일본을 향해 대대적으로 항의한 사건이 바로 1982년 일본 역사교과서 파동입니다. 일본 역사교과서 파동으로 아시아 각 국가의 수많은 국민들이 일본을 향해 분노하자 이 상황을 지켜보던 50여 명의 일본 대학생들은 "왜곡된 일본 역사교과서로는 일본 학생들이 진실된 역사를 배울 수 없다!"라고 생각했습니다. 그리고 침략을 부정하는 왜곡된 일본 역사교과서를 보지 않고, 교과서에 소개되지 않고 일본정부가 숨기려고 하는 진실을 찾고자 마음먹었습니다.

이를 위해 그들은 과거 일본 제국주의가 침략했던 한국, 중국 등 아시아 각국을 찾아 피해 국민들을 직접 만나보고, 일본이 일으킨 침략전쟁 피해 현장을 눈으로 확인하면서 역사를 배우고자 했습니다. 이들은 곧 배를 빌려 일본의 청년들을 태우고, 이들과 함께 일본의 제국주의 침략과 식민지 지배의 역사를 눈으로 몸으로 배울 수 있도록 아시아 각국을 항해했습니다.

피스보트는 바로 이들이 아시아 각지를 항해할 때 사용하는 배의 이름에서 따온 명칭으로, '평화를 실어 나르는 배'라는 의미입니다. 피스보트는 한번 출항할 때 500명 이상의 일본 청년들이 3주 동안 세계 청년들과 함께 동반 항해를 하며 과거의 전쟁을 통해 미래의 평화를 만든다는 주제의식을 갖고 배 위에서 아시아 각국의 문화 역사를 배울 수 있는 특강, 전쟁과 평화를 주제로 연극, 토론회 등 다양한 선상 프로젝트를 진행합니다. 또한 배가 아시아 각국의 항구에 도착하면 배에서 내려 일본을 싫어하는 아시아 각국의 국민들과 직접 대화를 나누고 그 나라에 필요한 봉사활동을 진행합니다.

1983년의 첫 항해에서는 태평양 전쟁 당시에 격전지였던 사이판과 괌을 방문했고, 1984년에는 과거 일본 제국주의가 수십만 명을 학살한 중국 난징에 가서 난징 대학살에 대한 조사를 직접 했습니다. 또한 2013년에는 일본군 '위안부' 문제를 직접 배우고자 일본군 위안부 피해 할머니를 피스보트에 태워 일본 청년들에게 특강과 교육을 진행했습니다.

피스보트의 초기 항해는 제국주의 일본이 침략했던 아시아 태평양을 중심으로 항해하며 일본의 과거사를 중심으로 이루어졌으나, 1990년 이후에는 전 세계 곳곳으로 항해가 확대되면서 주제 또한 세계인들의 문제인 환경, 반핵, 분쟁 문제로 확대되었습니다. 1983년을 시작으로 2013년까지 피스보트는 30년 동안 5만 명

이상의 승객을 태우고 80회 이상의 항해를 했습니다. 이 피스보트를 설립한 일본 청년은 한 인터뷰에서 지난 30년간의 피스보트를 회상하며 말했습니다.

"제가 처음 피스보트를 시작한 때는 '동아시아 냉전시대'였습니다. 반일감정으로 일본 청년들이 한국과 중국을 방문하는 것은 큰 용기가 필요했습니다. 한국에서는 일본 역사교과서 파동으로 대대적인 반일운동이 일어났고, 난징대학살의 잔혹한 기억을 갖고 있는 중국인들 또한 일본인을 증오했으니까요. 기적은 기적적으로 일어나지 않는다는 말이 있습니다. 기적을 일으키기 위한 노력이 있었기에 기적이 일어나는 것입니다.

제가 꿈꾸는 동아시아 공동체 또한 기적이 아니면 실현할 수 없는 것처럼 보입니다. 그러나 그 기적을 일으키는 것은 국경을 넘어 서로가 서로를 이해하고 존중하는 우리 자신의 노력의 결과이기도 합니다. 저는 동아시아 공동체를 위한 그 이룰 수 없는 기적을 위해 오늘도 피스보트를 통해 하루하루 노력할 것입니다."

일본 우익과 일본 정부가 과거 일본 제국주의에 대한 침략을 부정하고 일본 청소년들이 보는 교과서에 왜곡된 내용을 반영하자, 이에 대항한 한 일본 청년의 용기가 수많은 아시아인들에게 감동을 주었고, 이를 통해 동아시아에 평화를 위한 씨앗이 되었습니다. 30년간 일본 청년이 뿌린 씨앗을 통해 지금은 약 5만 명의 전 세계 청년들에게 아시아 평화에 대한 꿈을 심었습니다. 아시아 평화를 위해 평화를 실어 나르는 배를 띄우는 이 위대한 비전은 일본의 총리도, 장관도 아닌 평범한 일본 청년에 의해 성취되고 있습니다.

지구촌 촌장학교 실천 활동

1. 피스보트 사이트(http://peaceboat.org/english)를 방문한 후 피스보트의 비전과 활동을 조사해 보세요.

2. 피스보트 단체가 일본을 넘어 전 세계로 확장되고 있는 이유에 대해 생각해 보세요.

3. 피스보트처럼 동아시아 평화를 실현할수 있는 프로젝트를 기획하고 실천해 보세요.

"왜 일본은 사과하지 않는가?"

: 일본군 '위안부'의 실상을 전 세계에 알린 김학순 할머니

나비효과에 대해 들어본 적 있나요? 나비효과란 나비의 날갯짓처럼 작은 움직임으로 시작된 변화가 거대한 폭풍우로 커지듯 엄청난 변화를 일으키는 현상을 말합니다. 혹시 여러분은 나비효과를 일으키며, 세계를 변화시키는 나비를 본 적이 있나요? 작은 날갯짓으로 어떻게 세계를 변화시키냐고요? 역사 속에서 시대적 억압과 사회적 편견, 폭력의 굴레 속에서도 정의, 평화, 사랑의 가치를 지키고자 노력했던 한 사람, 한 사람의 용기와 도전이 있습니다. 그리고 한 사람의 작은 외침이, 작은 행동이, 작은 실천이 위대한 변화를 만들고 있습니다.

우리가 사는 지구촌 곳곳에는 아직 알려지지 않았지만 세계를 바꾸는 위대한 변화를 만드는 작은 나비들이 있습니다. 우리나라에도 역시 제국주의 전쟁범죄와 맞서 세계를 바꾸는 작은 나비가 있습니다. 이 위대한 도전을 시작한 나비의 이름은 바로 일본군 '위안부' 피해자 김학순 할머니입니다.

일본군 '위안부'는 1930년대부터 1945년까지 일본 제국주의 점령기에 일본군에 의해 군위안소로 끌려가 강제 성노예 생활을 강요받은 여성을 뜻합니다. 범죄 사실을 부정하며 왜곡하는 일본 정부에 맞서 김학순 할머니는 1991년 한국에서 최초로 기자회견을 가졌습니다. 다시는 일본군 '위안부'와 같은 아픔이 그 어느 곳에서도 다시 되풀이되지 않기를 바라는 마음으로 할머니가 처음 세상을 향해 작은 날갯짓을 할 때에 그 누구도 이 날갯짓이 세상을 바꿀 수 있을 것이라 생각하지 못했을 것입니다. 할머니의 작은 용기에 함께하는 나비들이 모여 할머니 한 사람의 꿈은 20만명의 일본군 '위안부' 피해자들의 꿈으로 이어지고 일본 제국주의의 부활을 막기 위한 위대한 폭풍을 일으키고 있습니다.

2015년 '국경없는 기자회'와 세계 3대 통신사인 프랑스 AFP통신은 '자유를 위해 싸우는 영웅 100명'에 한국의 일본군 '위안부' 피해자 할머니를 선정했습니다. AFP 통신은 한국의 일본군 '위안부' 할머니가 남아프리카공화국 최초의 흑인 대통령인 넬슨 만델라, 미국의 흑인 인권 운동가 마틴 루터 킹 목사와 같이 자유, 인권, 보건, 인간 존엄의 가치를 지킨 영웅이라 평가했습니다

"1938년부터 1945년까지 일본군에 끌려가 성 노예로 살았던 아시아 여성 20만 명 중 대부분은 한국인이었다. 생존한 '위안부' 피해자들은 1991년 이래 줄기차게 일본 정부의 사과와 보상을 요구하고 있으나, 일본 정부는 외면하고 있다."

- 프랑스 AFP통신, 2015 -

김학순 할머니의 공식 기자회견을 시작으로 전 세계 국제기구, 정부기관, 의회, 대학교, 전시회를 대상으로 일본군 '위안부' 문제를 알리기 위해 한국 정부와 민간 단체, 학자 그리고 청년들이 수십 년간 끊임없이 노력해왔습니다.

70세가 넘는 고령에도 불구하고 일본군 '위안부' 할머니들은 미국 의회에서, 유엔에서 전 세계 곳곳에서 일본군 '위안부' 문제를 세계인들에게 알리고 있으며, 전 세계 해외 동포들은 일본군 '위안부' 소녀상과 기림비를 세우고 있습니다. 하지만 일본 정부는 일본군 '위안부' 문제에 대한 진정성 있는 사과와 책임있는 이행을 거부하고 있으며, 국제사회에 일본군 '위안부' 문제를 제대로 알리려는 한국인의 노력을 조직적으로 방해하고 있습니다. 심지어 일본의 국가지도자와 정치인은 일본군 '위안부' 문제에 대한 일본 정부의 최소한의 책임을 담은 "고노 담화"를 부정하고 일본 교과서에 일본군 '위안부' 문제를 고의적으로 누락 및 은폐하며 일본의 청소년들의 눈과 귀를 막고 있습니다.

2차 세계대전 때 유대인이 겪은 홀로코스트 문제가 오늘날 전 세계 청소년들의 역사교과서에 빠짐없이 등장하고, 미국의 워싱턴과 뉴욕 등 세계 주요 도시에 홀로코스트 박물관이 세워져 수많은 세계 시민들의 추모와 기억의 행렬이 끊임없이 이어지고 있으며, 할리우드 유명 감독과 배우들이 앞다투어 홀로코스트를 주제로 할리우드 영화를 제작하기도 하였습니다. 이러한 일들은 인류 역사에 다시는 홀로코스트와 같은 전쟁 범죄가 발생하지 않기를 바라는 유대 청년들의 끊임없는 노력과 실천을 통해 시도 되었고, 전 세계인들의 지지와 협력이 있었기 때문에 가능했습니다. 즉 세상을 바꾸려는 유대 청년들의 꿈과 이 꿈에 함께 한 세계인들의 꿈이 더해졌기에 다시는 인류 역사에 홀로코스트와 같은 전쟁범죄가 발생하지 않게 될 것입니다.

하지만 일본군 '위안부' 문제는 아직 세계인들에게 제대로 알려지지도 않고 있으며 일본 정부의 책임 있는 사과와 반성 또한 이루어지지 않고 있습니다. 일본군 '위안부' 문제는 한국과 일본 사이의 외교적 분쟁문제로 끝나는 것이 아닙니다. 일본군 '위안부' 문제는 전 세계인들이 반드시 지켜야 할 인류 보편적 가치인 여성 인권 문제와 직결된 문제입니다.

만약 21세기 한국인들이 일본군 '위안부' 문제를 제대로 해결하지 못한다면, 지금 이 순간 전 세계 곳곳에서 발생하고 있는 분쟁 지역의 여성 성폭력 문제 또한 방관하게 되는 것이며 일본군 '위안부'와 같은 전쟁 범죄가 다시 인류 역사에 부활하는 것을 침묵하는 것입니다. 따라서 한국인들이 전 세계 75억 세계인들을 대상으로 일본군 '위안부' 문제를 알리는 것은 한국과 일본 사이의 외교적 갈등 해소를 넘어 지구촌 역사에 다시는 이러한 전쟁 범죄가 발생하지 않게 하여야 하며, 세계 역사를 바꾸려는 한국인들의 위대한 도전의 서막을 알리는 것입니다.

세계를 변화시킬 위대한 나비! 바로 한국의 청소년 여러분입니다. 저는 일본군 '위안부' 문제 해결 및 지구촌 평화, 자유, 인권등의 가치를 지켜나가기 위해 날개짓을 일으키고 있는 위대한 나비가 바로 한국의 청소년이 될수 있다고 생각합니다. 청소년 여러분이 사는 도시, 지역, 국가에서 일본군 '위안부' 할머니의 꿈을 이어받아 변화의 바람을 일으키고 있는 위대한 나비가 되어주세요!

지구촌 촌장학교 실천 활동

1. '국경없는 기자회'와 AFP통신이 발표한 〈자유를 위해 싸우는 영웅 100명〉에 대해서 조사해 보세요.

2. 반크에서 만든 일본군 '위안부'와 홀로코스트를 소개하는 사이트(http://maywe speak.com)를 방문한 후 이 사이트의 기획의도에 대해 생각해 보세요.

3. 여러분이 사는 도시, 지역, 국가에서 일본군 '위안부' 할머니의 꿈을 이어 받아 변화의 바람을 일으킬 수 있는 프로젝트를 기획하고 실천해 보세요.

"청소년이 외교관이 되어
지구촌을 변화시키면 어떨까?"

: 사이버 외교사절단 '반크'로 외교 혁명을 일으킨 대학생 박기태

사이버 외교사절단 '반크'는 1999년 한국의 한 청년에 의해 시작되어 현재 12만 명 이상의 사이버 외교관과 글로벌 한국홍보대사를 양성하고 있는 세계 최대의 민간 외교 단체로 성장하였습니다.

1999년 외국 친구와 인터넷상에서 펜팔을 하던 한 평범한 대학생은 외국 친구와 펜팔을 하면서 친구들이 서서히 자신을 통해 한국을 사랑하게 되고, 자신도 또한 외국 친구들에게 한국을 소개하고 홍보할수록 한국을 더 잘 알게 된다는 사실을 깨달았습니다. 반크를 만든 청년은 21세기 인터넷으로 국경을 초월해 세계인들과 교류할 수 있고 비행기와 배 등을 통해 세계로 진출하는 상황에서 더 이상 국가가 임명한 외교관들만이 외교를 할 수 있는 시대는 사라졌다고 생각했습니다.

그리고 지금과 같은 세계화시대에 세계 속에 한국을 대표하는 주인공은 더 이상 한국의 대통령이나 외교부 장관이 아니라 전 세계 외국인과 인터넷으로 교류하는 한국의 청소년이며 1년에 1천만 명 이상 외국에 나가는 한국의 국민들이라고 생각했습니다.

　따라서 반크는 한국의 청소년들이 전 세계 네티즌에게 체계적으로 한국을 알릴 수 있도록 '사이버 외교관' 교육을 시키고 어학연수, 배낭여행, 교환 학생으로 나가는 한국의 청년들을 '글로벌 한국홍보대사'로 변화시킨다면 대한민국 전 국민이 외교관이 될 수 있다고 확신했습니다. 이를 위해 반크는 다양한 온라인, 오프라인 교육 프로그램을 통해 외교관 양성 학교를 운영하고 한국의 문화와 역사를 알릴 수 있는 한국홍보자료를 제작해서 나누어주고 있습니다. 반크의 외교관 양성 교육 프로그램이 1999년 만들어진 후부터 한국의 2만 5천 명의 청소년들은 인터넷으로 사이버 외교관 교육을 받았으며 한국의 2만여 명의 청년들은 반크에서 제공한 다양한 한국홍보자료를 받아 아프리카, 아시아, 미주, 유럽, 남미 등 지구촌 곳곳에서 글로벌 한국홍보대사로 활약하고 있습니다.

　한국정부가 공식적으로 임명한 한국의 외교관은 약 2천 명에 불과하지만 사이버 외교사절단 반크에 비공식적으로 임명한 한국의 외교관은 12만 명을 넘어선 것입니다. 반크는 한국의 외교, 문화에 기여한 공로로 한국 정부로부터 대통령 표창을 5회 수상했으며, 한국의 국회 대상, 관광 대상, 창조인상, 홍보인상, 언론인상 등 정치, 경제, 사회, 문화 등 수많은 분야에서 좋은 성과를 이룬 것을 확인 받았습니다. 외국 친구와 평범하게 펜팔을 하던 한 청년이 시작한 작은 단체가 세계 최대의 민간 외교사절단 단체로 성장한 계기는 바로 단 두 가지의 사소한 질문이었습니다.

　'전 세계 75억 세계인에게 2천 명의 한국 외교관이 한국을 제대로 알릴 수 있을까?', '매년 해외로 떠나 외국인을 만나는 1천만 명의 한국인들과 스마트폰을 통해 인터넷에 접속하고, 세계인들과 소통하는 한국의 청소년 모두가 외교관이 될 수 있지 않을까?', '어떻게 외국인과 접촉하는 모든 한국인에게 외교관 이상의 실력과 사명감을 줄 수 있을까?'

이러한 질문은 2개의 위대한 꿈으로 발전했습니다.

"한국의 청소년들이 시간과 장소를 초월해서 외교관 교육을 받을 수 있도록 사이버 외교관 교육을 제공하자!"

"해외로 진출하는 한국의 청년들이 한국홍보대사가 될 수 있도록 홍보자료와 교육을 제공하자!"

우리는 지구촌이 변하기를 바라면서, 자기 자신이 지구촌 변화의 주인공이 될 생각은 하지 않습니다. 우리는 세계를 바꾸는 위대한 영웅들이 탄생하기를 갈망하지만, 자기 자신이 세계를 바꾸는 위대한 영웅이 될 생각은 하지 않습니다! 지식, 기술, 인맥, 자본을 끊임없이 탓하고 있습니다. 지구촌 외교 혁명을 일으킨 반크도 시작은 컴퓨터 1대와 한 청년의 용기였습니다.

21세기 지구촌의 변화를 일으키며 정치, 경제, 사회, 문화 전 영역에서 새로운 혁명을 일으킨 용기 있는 한국의 청년들을 찾습니다. 용기 있는 한국 청년들이 지구촌 변화의 주인공입니다!

 지구촌 촌장학교 실천 활동

반크 사이트(http://www.prkorea.com/)에서 운영하는 사이버외교관 교육 프로그램에 대해 조사해 보고, 이 프로그램을 통해 자신이 할 수 있는 외교 활동을 기획해 보세요.

제 3 장

대한민국 촌장이
바로 지구촌 촌장

세상을 변화시킬 대한민국 지구촌 촌장들에게

세상을 바꾸는 지혜,
한국 역사 속에!

청소년 여러분에게 꼭 권하고 싶은 일이 있습니다. 세상을 변화시키는 위대한 꿈을 키우기 위한 지혜를 지구 반대편에서만 찾지 말고 한국의 역사 속에서 먼저 찾아보길 간절히 바랍니다. 5천 년의 유구한 역사 속에 우리 선조들은 세상을 구할 지혜와 지식을 남겨 두었습니다. 우리는 그것을 찾아 지구촌이 처한 위기에서 세상을 구할 방법을 찾게 될 겁니다.

오늘날 지구촌이 겪고 있는 빈부격차, 빈곤, 테러, 환경 문제를 해결하기 위해 미국과 유럽 등에서 활발하게 움직이는 활동 사례들을 바라보면서 우리는 그저 부러워하기만 하였습니다. 그러나 이제는 우리가 스스로 이러한 지구촌 문제를 해결해야만 합니다. 또한 우리에게는 이러한 문제를 해결할 힘이 있습니다. 왜냐하면 21세기 지구촌을 구할 지혜가 바로 우리의 역사 안에 숨어 있기 때문입니다. 현재 지구촌이 처한 위기가 우리의 위기임을 인식하고 우리 선조들의 지혜와 지식으로 이러한 문제들을 해결할 수 있는 방법을 찾아야 합니다. 저는 한국 청소년들이 한국 역사 속에서 위인들의 삶을 통해 지혜와 도전을 배워 세계 정치, 경제, 사회, 문화 전 영역에서 위대한 도전장을 내밀기를 희망합니다.

위인들의 삶을 통해 지혜와 도전을 배우자!

저는 21세기 한국의 청소년들이 '우리 한국이 어디로 나아가야 하는가?'에 대한 물음에 '지구촌을 변화시키는 한국'이라고 대답할 수 있기를 바랍니다. 잘 사는 나라라는 인식을 넘어 75억 세계인들에게 희망이 되는 한국으로 나아갈 것이라고 답할 수 있기를 바랍니다. 한국의 청소년들이 이러한 미래를 그려나가길 바랍니다. 한국 사람들은 열정적이라는 말을 듣습니다. 우리의 열정이 미국에 이어 '해외 자원봉사 파견 국가 세계 2위'라는 역사를 만들었습니다. 이제 그 위대한 열정으로 세계 정치, 경제, 사회, 문화 전 영역에서 위대한 도전을 하길 바랍니다.

세계 여러 나라에서 인권 문제가 발생한다는 뉴스를 종종 접하게 됩니다. 인권 운동하면, 한국 사람들은 흑인 인권 운동으로 노벨 평화상을 수상한 '마틴 루터 킹' 목사를 떠올리며 훌륭한 영웅이라고 추켜세우고, 그런 영웅이 우리나라에는 없다고 아쉬워합니다. 최근 북한의 인권 문제는 매우 심각한 수준인데 같은 동포인 우리는 그런 문제를 해결할 수 없다고 한탄만 하고 있는 것이지요. 그런데 과연 우리에게 이런 인권 운동가가 없었을까요?

놀랍게도 아주 오래 전, 우리나라에도 이런 인권 운동가가 있었습니다. 바로 세종대왕입니다. 세종대왕은 조선시대에 최하계층인 노비들의 복지를 위한 제도를 만들었습니다. 여자 노비가 임신을 하면 산후 휴가를 주고, 산모를 돌봐야 하는 남편에게도 산후 휴가를 동시에 주었지요. 마틴 루터 킹처럼 인간은 모두 평등하다는 것을 이미 우리 선조들은 알고 있었습니다. 우리 선조들이 이미 모두가 평등하다는 삶의 가치를 가지고 있었다는 사실을 잊어서는 안 됩니다.

빈곤퇴치 운동으로 노벨 평화상을 수상한 '무함마드 유누스'는 방글라데시의 그라민은행 총재였습니다. 유복한 가정에서 태어난 그는 미국에서 공부를 하고 치타공대학에서 경제학을 가르치는 교수였습니다. 그는 가난한 사람들을 빈곤에서 벗어나게 해줄 방법이 무엇이 있을까 고민하였습니다. 처음에는 사비로 빈민들에게 돈을 빌려주다가 은행에서 자신이 대출을 받아 빈민들에게 소액대출을 하는 '그라민은행 프로젝트(Grameen Bank Project)'를 운영였습니다. 이 프로젝트는 500여 빈민 가구를 절대빈곤에서 벗어나게 하였고 이·프로젝트는 성공을 거두었습니다. 그리고 그라민은행을 법인으로 설립하여 대출을 받은 극빈자 600만 명의 58%가 빈곤에서 탈출하게 하였습니다.

우리에게는 이러한 빈곤퇴치 운동가 없는 걸까요? 우리에게는 조선시대 자신의 전 재산을 쌀로 바꿔 굶주린 제주 사람들을 구제한 거상 김만덕이라는 영웅이 있습니다. 김만덕은 가난한 집에서 태어나 기생의 수양딸이 되었다가 객주를 운영하면서 큰 재산을 모은 독신 여성입니다. 제주도의 물품과 육지의 물품 교역으로 큰 재산을 모았고 그 부를 빈민을 위해 베풀었습니다. 기생은 조선시대에 가장 낮은 신분이었음에도 불구하고 당시의 억압에 저항하여 큰 기업인이 된 것입니다. 김만덕의 이러한 빈민구제 활동은 육지의 사대부들에게도 전해졌고, 김만덕은 임금에게서 명예관직을 받기도 하였습니다. 현재 제주도에는 김만덕 기념관이 있으며 김만덕을 기념하여 축제를 엽니다. 이처럼 오래 전 우리 선조 중에 훌륭한 영웅이 있었음을 기억하고 청소년들이 빈곤퇴치를 위해 지혜를 모으길 바랍니다.

요즘 지구온난화 문제는 매우 심각합니다. 지구의 환경 문제는 더 이상 남의 나라 일이 아니며, 현재 대한민국은 지구환경 문제의 중심에 있다고 말할 수 있습니다. 매일 아침 미세먼지와 황사, 이상 고온을 뉴스로 접하면서 우리나라의 환경은 점점 나빠지고 있음을 우리는 잘 압니다. 우리에게 환경 운동으로 노벨 평화상을 수상한 '엘 고어' 미국 전 부통령 같은 세계적 영웅이 없어서 이렇게 열악한 환경에 처하게 된 것일까요? 아닙니다. 전 세계적으로 환경 문제를 해결하기 위해 노력하고 있지만 이미 망가진 환경을 되돌리기 위해서는 개개인의 노력과 정부 주도의 개선 방안이 무엇보다 절실합니다. 우리는 그러한 지혜를 이미 조선시대의 뛰어난 과학자 장영실을 통해서 배울 수 있습니다. 장영실은 세계 최초 강우량 측정기인 측우기를 개발하고 전국적으로 실용화시켜 농사에 도움이 됨은 물론이고 인간이 가뭄과 홍수에 대비하며 생활할 수 있는 방법을 찾았습니다.

　세계적인 질병 문제 역시 그저 지나칠 문제가 아닙니다. 미국의 기업가 '빌 게이츠'는 의료 사업에 9조 5천억 원(85억 달러)를 쏟아 부어 아프리카 질병 퇴치에 기여하였습니다. 이런 기사를 접하면 부럽기만 합니다. 우리나라에는 이런 세계적인 부자가 없기 때문에 국내외의 질병 문제에서 한국이 앞장 설 수 없는 것일까요? 우리가 익히 알고 있는 우리 선조 중에 빈민의 질병 문제에 누구보다 앞장선 위인이 있습니다. 바로 동의보감을 쓴 허준입니다. 허준은 돈이 많은 사람은 아니었습니다. 그렇지만 빈민의 질병 문제에 누구보다 관심이 많았고 뛰어난 의술을 익혀 질병 퇴치에 앞장섰으며 임금의 어의가 되어 더 많은 구제활동을 할 수 있었습니다. 또한 많은 사람들에게 보편적인 질병 치료에 도움이 되고자 의학서를 집필하였고, 그중 《동의보감》은 지금도 우리에게 많은 도움을 주고 있습니다.

이처럼 우리에게는 우리 역사 속의 선조들에게서 물려받은 지구촌을 변화시킬 수 있는 운명적인 DNA가 있습니다. 그래서 저는 한국의 청소년들이 선조들의 지혜를 통해 세상을 변화시키는 주인공이 될 것이라고 믿습니다. 우리의 DNA가 세상에 도움이 될 방법을 찾을 것이고, 그러할 때 세상은 변화될 것입니다.

도산 안창호 선생님은 "우리 중에 인물이 없는 것은 인물이 되려고 마음먹고 힘쓰는 사람이 없는 까닭이다."라고 말씀하셨습니다. 한국에 위대한 영웅이 없다고 한탄하지 말고 스스로가 영웅이 될 수 있는 방법을 찾고 공부하길 바랍니다.

세계 속에 한국의 이미지를 만들어 나가고, 세상을 변화시키는 주인공이 바로 우리 자신이라는 사실을 청소년들이 느끼길 바라며 그러한 꿈을 꾸길 바랍니다. 가장 작은 씨앗인 겨자씨가 지구 반대편의 새들이 깃들 수 있는 울창한 숲을 이루게 될 것입니다. 지구촌은 변화의 방향이 바뀌고 있습니다. 예전에는 정부나 단체들이 변화를 일으키기 위해 노력을 하였지만 이제는 개개인의 변화로부터 커다란 움직임이 만들어지고 있습니다. 즉, 위에서부터 시작되는 것이 아닌, 아래에서부터 변화가 일어나고 있는 것입니다. 이러한 변화에 우리 청소년들이 동참하여 더 좋은 지구촌을 만들 수 있습니다.

유럽이나 미국 같은 지구촌의 강대국 중심에서 시작된 변화가 아닌 동양의 작은 나라, 그 속의 청소년들이 꿈꾸는 미래가 지구촌 변화의 또 다른 시작이 될 것입니다. 우리의 5천 년 역사 중에서 바로 지금, 바로 여러분이 그토록 꿈꾸고 기다려온 변화를 시작할 것입니다.

지구촌 촌장학교 실천 활동

1. 우리 역사 속 위인들의 삶 속에서 지구촌이 처한 위기를 구할 수 있는 사례를 조사해 보세요.

2. 조선시대 최하계층인 노비를 대상으로 산후 휴가 제도를 만든 세종대왕의 다양한 정책에 대해 조사해 보세요.

3. 조선시대 자신의 전 재산을 쌀로 바꿔 굶주린 제주 사람들을 구제한 거상 김만덕에 대해 조사해 보세요.

여러분이 바로 유엔!

  2006년 10월 당시 한국의 외교통상부 장관으로 활동하던 반기문이 유엔 사무총장으로 선출되자 유엔에 대한 한국 청소년과 청년들의 관심이 높아졌다는 이야기를 앞에서도 했습니다. 그분의 뒤를 따라가고자 가슴속에 유엔을 품고 각 대학에서 추진하는 모의 유엔 행사에도 적극적으로 참여하는 청소년이 늘고 있습니다. 제2의 유엔 사무총장을 꿈꾸는 것이지요. 그렇지만 100년 이내에 유엔 사무총장에 다시 한국인이 선출되기 어려운 이유를 이미 여러분에게 말했습니다. 그렇다고 우리가 유엔의 일원이 아닌 것은 아니기에, 청소년 여러분이 유엔이 추구하는 활동 목표를 올바르게 이해하고 다양한 방법으로 여러분 주위에서 세계 평화를 위해 실천한다면 바로 여러분이 유엔의 작은 사무총장이며, 장차 세계 평화를 위해 유엔 사무총장 이상의 역할도 충분히 해낼 수 있습니다. 이제부터 저는 여러분과 유엔의 활동에 대해 함께 생각해 보고자 합니다.

1. 세계의 평화를 유지하는 것
2. 나라와 나라 사이의 관계를 친근하게 발전시키는 것
3. 가난한 사람들이 잘 살 수 있도록 도와주고, 기아, 질병 등 지구촌 문제를 함께 해결하는 것
4. 전 세계 모든 국가들이 유엔의 활동 목표에 참여하고 격려하기 위한 네트워크를 만드는 것

위의 네 가지가 유엔의 활동 목표입니다. 우선 유엔의 첫째, 둘째 목표인 세계 평화를 유지하며 나라와 나라 사이의 관계를 친근하게 발전시키는 활동을 위해서 우리는 무엇을 할 수 있나 생각해 봅시다. 친구 관계도 생각해 보면 서로 잘 알지 못하거나 자기가 더 우월하다는 자만심 때문에 다툼이 일어나는 경우가 종종 있습니다. 개인의 경우도 이러한 다툼이 생기는데 국가 간의 분쟁은 더 말할 필요가 없습니다.

대부분의 분쟁은 정치적인 목적을 제외하면 서로에 대한 '무지'와 서로에 대한 '무시'에서 일어나는 경우가 많습니다. 서로의 문화와 종교, 관습을 조금만 알고 이해하면 해결될 작은 문제들이 큰 분쟁으로 확대되어 수많은 생명이 죽어가고 소중한 문화유산과 지켜야할 많은 것들이 파괴되는 것이지요. 따라서 한국의 청소년들이 지금부터 세계 여러 나라의 역사와 문화, 종교를 올바르게 이해하는 훈련이 필요합니다. 특히 피부색과 국가에 대한 편견 없는 어린 시절을 보내고 전 세계 친구를 적극적으로 사귀는 것만으로도 미래의 분쟁을 막을 수 있는 방법이라고 생각합니다.

우리는 한국에서 일하는 이주 노동자들을 흔히 만날 수 있습니다. 그런데 한국 사람들의 일부는 그들을 무시하고 꺼려하기도 합니다. 저는 한국의 청소년들이 그

들과 함께하는 한국문화를 만들 수 있다고 믿습니다. 여러분이 세계 청소년들과 폭넓은 교류를 함으로써 더 많은 문화를 공유하고 이해한다면 유엔의 제일 중요한 활동 목표인 세계 평화를 유지하는 일에 가장 큰 기여를 하는 셈이라고 생각합니다. 생각해 보세요. 단짝 친구의 나라와 전쟁을 할 수는 없지 않습니까. 어느 미래에 세계 평화를 가로막는 장애물이 발생하더라도 어린 시절 전 세계 친구들과 쌓은 우정의 다리는 결코 허물 수 없을 것입니다.

유엔의 셋째 목표인 가난한 사람들을 도와주고, 빈곤, 기아 등 지구촌 문제를 함께 해결하는 일은 이미 반크에서 시작하고 있습니다. 사이버 외교사절단 반크에서 추진하는 월드 체인저 사이트(changer.prkorea.com)를 클릭하면 사이버 모의 유엔을 통해 온라인으로 지구촌 문제를 해결하는 다양한 아이디어를 나누고 함께 실천할 수 있습니다. 온라인으로 아이디어를 나누는 것으로 해결이 가능한가에 대한 의구심이 들 수도 있습니다. 그렇지만 모든 일의 시작은 아주 작은 것에서 비롯되며, 그것이 결국 커다란 발걸음이 된다는 것을 앞의 많은 사례를 통해서 배웠을 것입니다. 우리가 지구촌 문제를 함께 고민하고 생각을 공유하는 것으로도 이미 유엔의 목표를 실현하기 위한 유엔의 일원이 된 것입니다.

마지막으로 유엔의 넷째 목표인 전 세계 모든 국가들이 유엔의 활동 목표를 바로 알고 참여하는 것을 우리가 실천하려면 전 세계인들을 대상으로 유엔의 활동을 홍보하는 사이트인 '사이버 스쿨버스'를 활용하면 가능합니다. 또한 '유엔 뉴스'와 '유엔 방송'을 통해서 틈틈이 전 세계를 대상으로 추진하는 유엔의 활동을 여러분의 일상 속에서 실천할 수 있도록 노력해 보세요. 학교 친구들끼리 모여 글로벌 이슈에 대한 연구 및 활동 모임도 만들 수도 있고, 인터넷을 통해 사귄 외국 친구와 빈곤에 대해 알리는 국제적 홍보 활동을 전개할 수도 있습니다.

최근 한 외국의 청소년이 유투브에 환경 문제에 대한 심각성을 알린 동영상을 올려 전 세계 수많은 사람들의 마음을 감동시켜 지구 온난화에 대한 범세계적인 관심을 촉발시킨 사례가 있어 세계인을 놀라게 했습니다. 이처럼 이미 세계 곳곳에는 인터넷을 통해 세계를 구하는, 작지만 큰 영웅으로 등장하여 유엔 사무총장보다 더 영향력 있는 활동을 펼치는 젊은 글로벌 리더들이 많이 있습니다. 여러분 또한 그 주인공이 될 수 있습니다. 이처럼 유엔의 목표에 한발 더 다가가 실천하는 여러분은 이미 유엔인 것입니다.

▶ 참고사이트

사이버 스쿨버스 유엔에서 전 세계 초중고교 학생들에게 유엔의 활동 목표에 대해서 교육하는 사이트입니다. http://cyberschoolbus.un.org/

유엔 뉴스 유엔에서 이루어지는 전 세계 활동에 대한 뉴스를 실시간으로 제공합니다. http://www.un.org/news/

유엔 방송 유엔에서 이루어지는 전 세계 활동에 대한 방송, 라디오, 사진 등을 제공합니다. http://www.unmultimedia.org/

유엔 공식 사이트 유엔의 모든 활동에 대해서 소개하는 유엔 공식 사이트입니다. http://www.un.org/

국제기구의 리더를 꿈꾸세요!

전 세계 국제기구에서 활동하는 한국인은 얼마나 많을까요? 2003년 기준으로 유엔, 유엔 산하기관 등 지구촌의 다양한 국제기구에서 활동하는 한국인은 221명이며 이들은 35개의 국제기구에서 활동하고 있다고 합니다. 하지만 해외 주요 국가와 비교해 보았을 때 한국인의 국제기구 진출은 낮은 수치라고 합니다. 2007년 말 정부 국정신문 기사에 따르면 경제협력개발기구(OECD) 2,172명의 직원 중 한국인은 23명으로 프랑스 819명, 영국 307명, 미국 213명, 독일 89명 등과 비교했을 때 형편없이 작은 숫자입니다. 현재 국제기구에서 일하는 전문가들은 국제기구에서 일하는 한국인들의 수가 적은 것은 한국이라는 나라의 국제적 위상과 개개인의 실력이 부족해서가 아니라 국제기구가 추구하는 사명을 성취하기 위한 한국인들의 열정과 도전정신이 낮은 탓이라고 말합니다. 즉 지구촌 다른 나라의 젊은이들보다 재능과 실력이 부족해서 국제기구에서 일을 못하는 것이 아니라, 국제기구에 입사해 세상을 변화시키겠다는 글로벌한 꿈이 없기 때문이라는 것입니다.

반면에 국제기구에서 일하는 한국인이 비록 낮은 수치임에도 불구하고 세계인들의 존경을 받아 고위직에 진출한 한국인도 있습니다. 지금은 고인이 되었지만 2003년 한국인 최초로 제6대 세계보건기구(WHO) 사무총장으로 당선된 이종욱 박사와 2006년 세계 국제기구의 대표자라 할 수 있는 유엔의 사무총장으로 당선된 반기문 유엔 사무총장이 대표적입니다. 이 두 분 모두 정치적인 파워나 자국의 힘에 의해 선출된 임명직이 아니라 국제기구에 가입된 회원국들의 자발적인 존경과 지지를 받아 당선된 고위직이라는 점에서 의미가 깊습니다.

그렇다면 생각해 봅시다. 세계인들의 자발적인 존경과 지지를 받아 국제기구의 리더로 선출되기 위해 가장 필요한 것은 무엇일까요? 아마도 가장 근본적인 것이 국제기구의 설립 목적과 사명을 진정으로 이해하고, 그 사명을 인생을 바쳐 성취하려는 마음일 것입니다. 특히 국제기구가 영리적인 수익 창출이 목표가 아니기 때문에 국제기구의 지도자 자신이 삶 전체를 통해 세상을 변화시키려는 강한 열정과 헌신을 보여주어 이를 통해 조직원들의 자발적인 참여를 이끌어 내는 것이 무엇보다 중요할 것입니다.

이러한 국제기구의 리더들 중에서 자랑스런 한국인으로는 제6대 세계보건기구 사무총장으로 당선된 고 이종욱 박사님의 경우가 대표적입니다. 이종욱 박사님은 고교시절 아버지를 여의고 힘든 환경 중에서도 스스로 학비를 벌어 공부할 정도로 자립심이 강했다고 합니다. 의대를 졸업하고 의사로 근무하던 시절 한센병 치료를 위해 노력하였고, 1983년 세계 보건기구에 입사하여서도 세계 보건기구의 설립 목적과 사명을 몸소 실천하였습니다.

무엇보다 가난한 나라의 의료 환경 개선과 봉사에 자신의 삶을 바쳤으며, 1983년부터 남태평양 오지에서 한센병 환자의 치료에 힘썼습니다. 그래서 '아시아의 슈바이처'라는 별명을 얻었습니다. 또한 어린아이들이 손과 발을 잃게 할 수 없다는 신념으로 소아마비 퇴치에 앞장서서 소아마비 발병률을 현저하게 떨어뜨려 '백신의 황제'라는 별명도 얻었습니다.

1994년부터 빈곤국 어린이를 위한 의료지원사업에 매진했고, 1998년에는 북한의 결핵 및 말라리아 퇴치사업을 추진하는 등 20년 동안 아시아와 아프리카 등의 오지에서 의료 봉사를 했습니다. 이런 실질적인 경험과 봉사활동에 대한 평가를 바탕으로 세계인들의 자발적인 존경을 받아 이종욱 박사님은 WHO의 사무총장으로 선출된 것입니다. 또한 사무총장 재임 시에도 담배규제협약체결을 이끌어 내어 세계인의 건강을 보호하기 위해 앞장서서 활동하는 등 이종욱 박사님의 삶 전체는 국제기구의 사명 그 자체였습니다. "의사라는 직업은 높은 급여, 명예를 당연시해서는 안 된다. 환자를 위해 자기 몸을 기꺼이 희생하는 것이 진짜 의사다."라는 자신의 신념이 곧 국제기구의 사명과 일치하였으며, 자신의 신념이 세상을 변화시키는 원동력이 된 것입니다.

장차 국제기구의 리더가 되어서 세상을 변화시키는 꿈을 가진 한국의 젊은이라면 지금부터라도 환경, 빈곤, 여성, 인권, 군비축소 등 여러 분야에서 활동하고 있는 국제기구에 적극적으로 관심을 가져 보세요! 지금 당장 간단하게 인터넷으로 찾아서 해당 국제기구의 설립 목적과 사명, 주요 활동이 무엇인지 알아보는 노력을 시작해 봅시다. 또한 해당 국제기구의 대표자가 되어 있는 자신의 모습을 상상하며 자신이 취임했을 때의 취임사를 미리 작성해 보고, 가장 우선적으로 추진하고 싶은 프로젝트를 미리 기획해 봅시다.

장차 세상을 변화시키는 국제기구에서 일하고자 하는 지도자들에게 가장 필요한 것은 재능과 실력이 아닙니다. 재능과 실력 있는 젊은이들은 세상에 넘치기 때문입니다. 가장 중요한 것은 세상을 변화시키겠다는 글로벌한 꿈과 포부, 그리고 이를 성취하기 위한 열정입니다. 이것이 준비가 되면 실력과 재능은 자연스럽게 준비가 되어 있을 것입니다.

청소년 여러분, 꿈을 꾸세요! 미래 국제기구의 리더가 되어 세상을 변화시키기 위해 열정적으로 활동하는 여러분의 모습을!

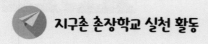 **지구촌 촌장학교 실천 활동**

1. 여러분이 관심 있는 국제기구를 인터넷에서 검색해 보고, 국제기구의 설립 목적과 사명, 주요 활동이 무엇인지 조사해 보세요.

2. 여러분이 관심 있는 국제기구의 대표자가 되어 있는 자신의 모습을 상상하며 자신이 취임했을 때의 취임사를 미리 작성해 보세요.

3. 여러분이 국제기구의 직원이라면 가장 우선적으로 추진하고 싶은 프로젝트를 기획해 보세요.

4. 여러분이 국제기구를 만든다면 어떤 국제기구를 만들고 싶은지, 그 이유는 무엇인지 주변 친구들에게 발표해 보세요.

한국은 한국인으로 하여금
혁신케 하라!

　　　　일본 근대화의 주역이며 당시 최고의 외교 정치가로 평가받으며 일본 정부로부터 조선 통감부 초대 통감으로 발령받은 66세의 이토 히로부미는 일본의 총리, 장관, 대사, 정당총재 등 40년간 국가 최고 지도자로 활동하며 미국, 영국, 러시아, 중국과 외교 협상에 일본 대사로 참여해 일본 국제 외교를 주도했습니다.

　1907년 11월의 어느 날, 이토 히로부미 앞에 한국의 청년 지도자 29세의 안창호가 당당히 서 있었습니다. 이토 히로부미의 요청으로 이루어진 만남이었습니다. 이토 히로부미는 아시아 평화를 향한 일본의 위대한 꿈에 안창호가 함께 해줄 것을 요청했습니다. 이토히로부미는 청년 안창호에게 메이지 유신과 근대화를 통해 서구 열강과 같은 힘을 지닌 일본이 한국을 진심으로 도울 것이라 강조하고 한국과 아시아의 미래를 위해 한국이 반드시 해야 하는 일은 바로 한국이 일본과 함께 하는 것이라며 설득하였습니다. 주요한의 《안도산전서》에는 당시 이토 히로부미와 청년 안창호가 나누었던 대화 내용이 소개되어 있습니다.

이토 히로부미 내 평생 꿈이 세 가지가 있습니다, 첫째는 일본을 열강과 대등할 만한 현대 국가로 만드는 것이고, 둘째는 한국을 그렇게 하는 것이요, 셋째는 중국도 그렇게 하는 것입니다. 특히 일본의 힘만으로는 강력한 서양 세력이 아시아로 침입하는 것을 막을 수 없으니, 일본은 한국과 중국의 힘을 키워 열강과 싸울 대등할 힘을 모아야 합니다. 그런 이유로 지금 일본은 한국의 발전에 온 힘을 다하고 있습니다. 한국의 발전이 완성되면 저는 중국으로 가서 중국의 발전을 도울 것입니다. 안창호 선생도 나의 함께 아시아를 향한 위대한 꿈을 함께 해주시겠습니까?

안창호 한국, 중국, 일본의 협력이 아시아 평화의 시작이라는 것에 동감합니다. 또한 당신이 과거 메이지 유신의 공로자로 일본을 변화시킨 공로도 알고 있으며, 한국의 발전을 위해 노력하려는 것도 감사합니다. 하지만 당신이 우리 한국을 진정으로 발전시키고 싶다면 우리 한국은 한국인의 손으로 혁신하게 해주십시오.

만일 일본을 근대화한 메이지 유신이 미국인이 와서 했다면 일본인인 당신은 가만히 있겠습니까? 또한 미국인이 했다면 유신 또한 성공하지 못했을 것입니다. 불행하게도 이미 일본은 한국과 중국인의 마음을 잃었습니다. 이것은 일본의 불행이자 삼국 전체의 불행입니다. 일본이 한국의 독립을 위한다며 청일, 러일 전쟁을 했지만, 두 전쟁의 승리 후에 일본이 한국의 주권을 빼앗지 않았습니까?

일본의 침략을 당한 한국은 미국이나 러시아에 도움을 구할 것입니다. 일본 제국주의의 성장을 원치 않는 서구 열강은 우리 한국인의 요구를 들어줄 것이고, 일본은 세계의 적이 될 수 있다는 것입니다. 저는 일본이 세계의 적이 되는 것을 막기 위해 당신과 같은 큰 정치가가 노력해 주길 바랍니다.

이토 히로부미는 일본 제국주의의 막강한 힘과 권력을 배경으로 한국을 발전시키기 위해 일본이 한국을 식민화하는 것이라고 말했지만, 청년 안창호는 이토 히로부미의 기세에 조금도 눌리지 않고 한국은 한국인의 손으로 혁신하게 하라고 당당히 말했습니다. 그러자 이토 히로부미는 안창호 선생에게 일본에 협조하면 '청년 내각'을 만들어 국가를 경영하는 중요한 자리를 맡기겠다며 권유했습니다. 이토는 안창호 선생에게 권력과 명예를 줄 수 있다며 일본 제국주의에 협조해 줄 것을 권유했지만 안창호 선생은 이토 히로부미의 제안을 단번에 거절하였습니다.

안창호, 그는 도대체 어떤 청년이었기에 일본 최고의 국가 지도자인 이토 히로부미가 직접 포섭하려고 했을까요? 청년 안창호는 일제 강점기에 어떻게 한국을 대표하는 국가 지도자로 우뚝 설수 있었을까요?

한국인 스스로가 한국을 변화시키는 주인공이다

안창호 선생은 1902년 일본 제국주의의 노골적인 침탈이 진행이 될 당시, 한국을 혁신시키는 일은 인재를 양성하는 것이고, 인재를 양성하는 힘은 바로 교육에 있다고 판단했습니다. 그래서 그는 미국의 교육 시스템을 배우고자 미국으로 떠났습니다. 그리고 25세의 늦은 나이에도 불구하고 미국의 초등학교에 진학해서 미국의 어린 초등학생들과 함께 공부를 했습니다.

미국에서 공부하던 중 안창호 선생은 미국에서 사탕수수와 오렌지 농장에서 힘들게 일하는 한국의 근로자들을 보게 되었습니다. 이들은 미국인들에게 힘없는 나라의 국민이라는 편견과 온갖 차별과 무시를 당하며 고통을 느끼고 있었습니다. 안창호 선생은 미주 한인들의 처참한 고통을 가만히 지켜보며 공부만 할 수는 없다고 판단하고, 학교를 그만두고 차별받는 한인들과 함께 하고자 오렌지 농장에서 직접 일하기로 결심했습니다. 무엇보다 한인 근로자들을 향한 미국인들의 차별을 바꾸기 위해서 가장 우선적으로 한인들의 생각과 태도를 변화시키고, 이를 통해 한인들을 바라보는 미국인의 인식 또한 바꾸고자 시도했습니다.

안창호 선생은 오렌지 농장에서 일하는 한인 근로자들에게 "오렌지 한 개를 따더라도 정성껏 따는 것이 나라를 위하는 일"이라고 강조했습니다. 한인 근로자들은 물었습니다. "선생님, 오렌지 한 개를 정성스럽게 따는 것이 왜 나라를 위하는 일인가요?" 도산 안창호 선생은 "미국에서 오렌지 농장에서 일하는 우리 한국인 노동자들이 정성스럽게 오렌지를 따면 한국에 대한 농장주들의 가지고 있는 인식을 바꿀 수 있고, 한국에 대한 이미지를 높일 수 있습니다." 하고 대답했습니다.

당시 오렌지 농장에 한국인 노동자뿐만 아니라 다른 나라의 노동자들도 함께 일했는데, 한국인 노동자들의 일하는 태도에 대한 농장주들의 불만이 높았고, 이 때문에 다른 나라 노동자들에 비해 부당한 대우를 받았습니다. 이에 안창호 선생은 한국인 노동자들에게 오렌지 한 개를 정성스럽게 따는 것만으로도 한국인에 대한 농장주들의 인식을 바꾸어 부당한 대우를 고쳐나갈 수 있으며, 이를 통해 한국에 대한 이미지를 높여나갈 수 있다고 설득했습니다. 또한 오렌지를 정성껏 따서 한국인 노동자 수익이 높아지면 생활수준도 향상될 수 있고, 이를 통해 장차 한국의 독립운동에 후원금을 보낼 수도 있음을 강조했습니다. 따라서 오렌지를 따는 것이 총과 칼을 들고 목숨을 바쳐 일본 제국주의와 싸우는 독립운동가의 활동은 아니더라도 한국의 독립을 위해 한 개인이 할 수 있는 평범하지만 위대한 활동임을 강조했습니다.

그는 직접 농장에서 오렌지를 따며 미국 사람들에게 한국인들이 얼마나 작은 일에 성실하고, 정직하며, 최선을 다하는지를 몸소 실천해 보이고 이를 통해 미국 사회에 한국과 한국인에 대한 이미지를 개선시켜 나갔습니다. 또한 이를 통해 미국인들의 존경을 받아 일본 제국주의에 맞서 독립운동을 하는 한국인들에 대한 지지를 확대해 나갔습니다.

무엇보다 안창호 선생은 미국에 거주하는 한인들이 유학생, 노동자, 사업가 등의 각자 역할로 흩어져 있어 힘을 하나로 뭉치지 못하고 있고, 바로 이러한 이유 때문에 미국사회에서 한인들이 제대로 된 인권과 권익을 보호받지 못함을 안타깝게 여겼습니다. 그래서 선생은 미국의 흩어진 한인들을 하나로 모이게 하는 한인 단체를 결성해서 한인 근로자들의 인권 보호와 권익 보호에 힘썼습니다.

그가 주도적으로 설립한 미주 한인 단체를 통해 미주의 흩어진 한인들은 하나가 되었고, 이를 통해 한인 근로자들은 서로가 새로운 일거리를 적극적으로 얻을 수 있었으며 약한 민족의 서러움을 극복할 수 있었습니다.

100년 전 미주 한인들을에게 뿌렸던 안창호 선생의 씨앗은 오늘날 위대한 결실로 이어지고 있습니다. 미국 로스앤젤레스에는 미국 정부기관 중 유일하게 한국인의 이름을 딴 '도산 안창호 우체국'이 있습니다. 미국 로스앤젤레스의 가장 번화가에 있는 인터체인지엔 '도산 안창호길'이라 되어 있습니다. 미국의 명문 대학교인 남가주대학교엔 도산 안창호 선생의 생가를 재현한 '한국학 연구소'가 있습니다.

미국의 리버사이드 시는 시청 근처에 세계적인 영웅들의 동상을 세웠습니다. 대표적으로 흑인의 인권 운동을 위해 인생을 바친 미국의 마틴 루터 킹과 인도의 독립을 위해 헌신한 간디 동상이 있습니다. 그런데 이 세계적 영웅들의 동상들 사이에 한국의 도산 안창호 선생의 동상이 세워져 있습니다. 리버사이드 시는 한국의 자유와 독립을 위해 삶을 바친 도산 안창호 선생의 정신과 업적을 미국에 알리기 위해 도산 안창호 선생의 동상을 세운다고 밝혔습니다. 도산 안창호 선생의 동상은 미국에 세워진 한국인 최초의 동상입니다.

또한 미국 애틀랜타에 있는 마틴 루터 킹 센터에 아시아인 최초로 한국의 독립을 위해 헌신한 공을 인정받아 명예의 전당에 올랐습니다. 이처럼 미주 한인 동포들의 위상과 자유와 독립을 위해 헌신한 안창호 선생을 통해 한국에 대한 긍정적 이미지가 높아졌고 지금도 그 가치를 인정받는 것입니다.

한국인 스스로 독립을 꿈꾸자

일본은 여러 독립운동가들의 독립운동 활동의 배후로 안창호 선생을 지목하였습니다. 1909년 10월 26일 안중근은 중국 하얼빈에서 일제의 조선 침략의 원흉인 이토 히로부미를 암살합니다. 그러자 일본 제국주의는 암살 배후로 도산 안창호를 지목하여 구속시킵니다. 1909년 12월 22일, 이재명이 매국노의 대명사 이완용 암살을 시도했으나 미수에 그치는 사건이 발생합니다. 그러자 다시 안창호를 배후로 지목해서 구속시킵니다. 1932년 4월 29일 일왕의 생일, 윤봉길이 중국 상해의 행사장에 폭탄을 던져 일본 군부 주요 장성 등이 즉사합니다. 그러자 또다시 안창호를 배후로 지목해서 구속시킵니다. 일본은 도산 안창호 선생의 모든 행동을 주목하고 독립운동을 향한 그의 꿈을 좌절시키려 했습니다. 그럴수록 도산 안창호 선생은 독립운동가들을 양성하고 민족의 지도자를 키워내고자 했습니다. 그러한 선생의 신념과 봉사로 수많은 독립운동가들이 그를 스승으로 여겼고 안창호 선생과 함께 독립을 꿈꾸었습니다.

안창호 선생은 일제 강점기 한국의 독립을 위해 애쓴 대부분의 영웅적인 독립운동가들의 스승이었습니다. 도산 안창호 선생은 한국의 독립운동가들에게 위대한 비전과 구체적인 목표, 세부 실천 계획을 제시한 비전가이자 실천가였습니다. 그의 업적을 살펴보면 다음과 같습니다.

- 1905년 항일 운동 단체인 공립 협회 설립하였습니다.
- 1907년 비밀 독립운동단체인 '신민회' 조직에 참여하여 조선의 독립을 위한 국민 개개인의 역량을 강화하며 민족의식을 키워 나갔습니다.
- 1909년 '청년학우회' 조직에 참여하여 조선의 미래를 만들어 나갈 민족의 지도자를 양성하는 데 매진했습니다.
- 1910년 미국에서 흩어져 있는 미주 한인 항일운동단체들을 '대한인국민회'로 통합. 이후 '대한인국민회' 중앙총회를 조직하여 총회장에 취임하였습니다. 그리고 미주에 흩어져 있는 한인들을 하나로 모아 한인들의 권익을 향상하며 독립운동 자금을 마련하였습니다.
- 1913년 미국 로스앤젤레스에 '흥사단'을 설립하여 미주 한인들의 독립의식을 고양하고 인재양성 교육을 추진하였습니다.
- 1919년 중국 상해에 대한민국 임시정부 수립에 기여하고 국무총리 대리직을 맡아 독립운동이 나아가야 할 방향을 제시하고, 이를 체계적으로 조직적으로 실행하였습니다.

그가 가는 곳마다 사람이 모이고, 독립운동 단체가 설립되고, 신문이 발행이 되었습니다. 그가 행동할 때마다 학교가 설립이 되고, 독립운동 자금이 모여졌으며, 독립운동가들이 몰려 들었습니다.

도산 안창호 선생은 나라를 향한 진정한 애국심은 말보다 실천에 있음을 삶으로 증명했습니다. 일평생 밥을 먹어도 대한의 독립을 위해, 잠을 자도 대한의 독립을 위해 일해왔습니다. "대한의 독립을 위해 일하는 것은 내 목숨이 없어질 때까지 변함이 없을 것"이라고 말했습니다. 도산 안창호 선생은 수많은 독립운동가들의 스승이었고, 민족의 지도자로서 자신의 삶을 기꺼이 나라에 바친 영웅입니다.

 지구촌 촌장학교 실천 활동

1. 도산 안창호 선생의 어록에 대해서 조사해 보세요.

2. 도산 안창호 선생의 삶에 대해 조사해 보세요.

3. 도산 안창호 선생의 가장 위대한 업적은 무엇이고, 그 이유는 무엇인지 주변 친구들에게 소개해 보세요.

통일 한국을 꿈꿔라!

저는 2016년 8월 미국 LA에서 도산 안창호 선생님의
셋째 아들인 랄프 안 선생님을 찾아뵈었습니다. 도산 안창호 선생의 아들은 연세
가 90살이 넘었지만 눈빛만은 청년이었습니다. 저는 랄프 안 선생에게 한국의 청
소년들에게 전하고 싶은 말이 있는지 물었습니다.

"저는 한국 청소년들이 대한민국을 자랑스럽게 생각하고 한국을 변화시키는 힘
을 만들어 내는 주인공이란 사실을 자각했으면 합니다. 뉴스를 보면 한국의 청년
들이 한국에 대해 여러 가지 좋지 않은 생각을 갖고 있는 것 같아요. 저희 아버님
은 생전에 이런 말을 하셨습니다.

우리 민족의 불행의 책임을 자기 이외에 돌리려고 하니 대관절 당신은 왜 못하고
남만 책망하려고 하시오? 우리나라가 독립이 못되는 것이 다 나 때문이로구나 하고

가슴을 두드리고 아프게 뉘우칠 생각은 왜 못하고 어찌하여 그 놈이 죽일 놈이요, 저 놈이 죽일 놈이요 하고 가만 앉아계시오? 내가 죽일 놈이라고 왜들 깨닫지 못하시오? 우리 가운데 인물이 없는 것은 인물이 되려고 마음먹고 힘쓰는 사람이 없는 까닭이오. 인물이 없다고 한탄하는 그 사람 자신이 왜 인물 될 공부를 아니 하는 것이오.

저는 한국의 청소년들이 이 사실을 꼭 기억해 주었으면 합니다. 여러분의 선조들이 목숨을 다해 독립운동을 해서 이루어 낸 한국을 자랑스러워하십시오. 1950년 전쟁으로 폐허가 된 나라가 세계 10대 경제대국이 되었고, 세계의 도움을 받던 나라가 세계에 도움을 주는 나라가 되었다는 사실을 자랑스러워하십시오. 한국에 대해 불평을 하고 누군가를 탓하기 보다는 한국을 변화시키는 건 바로 한국인이 다라는 생각으로 우리 한국 청년 스스로가 한국을 개혁시키고 변화시키는 주인공이라는 주인의식을 가졌으면 합니다. 그것이 저희 아버님이 일평생 추구했던 뜻이기도 합니다. 무엇보다 저는 한국의 청소년들이 저의 아버님이 일본 제국주의에 맞서 독립을 위해 자신을 삶을 헌신했듯이 통일을 위해 자신의 삶을 헌신하길 원합니다. 100년 전 독립운동 하던 저희 아버지가 가장 보고 싶어 했던 한국의 모습은 지금처럼 남과 북이 분단된 한국이 아닌, 하나 된 통일 한국의 모습이라 생각해요. 아버지가 보고 싶어 했던 하나 된 한국을 한국의 다음 세대가 이어서 반드시 이루어 주시길 바랍니다."

저는 이 만남 이후에 안창호 선생님의 꿈을 한국의 청소년들과 함께 이루겠다는 결심을 하였습니다. 30년 후 대한민국을 향한 위대한 꿈이 생긴 것입니다. 그것은 바로 통일에 대한 꿈입니다. 30년 후, 한국의 청소년들과 함께 도산 안창호 선생의 꿈이자 21세기 대한민국의 시대적인 사명인 통일 한국을 이루어 내는 주인공이 되는 것입니다. 또한 아시아의 평화를 주도하고 지구촌의 희망을 만들어 내는 위대한 나라 대한민국을 만드는 주인공이 되는 것입니다. 100년 전 도산 안창호 선생님의 꿈은 21세기 살아가는 한국의 청소년들의 꿈으로 이어져 통일 한국의 미래를 만들어갈 것이고, 통일 한국은 지구촌을 변화시켜 나갈 것입니다.

여러분이 생각하는 통일 한국은 어떤 모습인가요? 통일 한국과 지구촌 문제는 어떤 연관이 있을까요? 저는 한국의 청소년들이 통일 한국을 향해 꿈을 꾸면 그것이 바로 세계를 변화시키는 글로벌 리더가 되는 길이라 생각합니다. 한국이 통일이 되면 아시아와 세계 평화를 위해 큰일을 할 수 있기 때문이죠. 이제 제가 전 세계 외국인을 만날 때마다 통일 한국은 세계를 변화시키는 나라가 될 것이라고 소개하는 내용을 여러분과 함께 공유하려고 합니다. 청소년 여러분도 외국의 청소년들을 만나면 다음과 같은 이야기를 들려주고, 적극적으로 통일 한국을 꿈꿔야 함을 알려 주세요.

If Korea is unified…
만약 한국이 통일이 되면

Korea will become a gateway to prosperity in Northeast Asia!
통일 한국은 동북 아시아 번영의 관문이 될 거예요!

As a hub in Asia, Korea will lead global economic growth by making the best use of its geographical, political, and cultural advantages.
대륙과 해양을 연결하는 최적의 통로로서 정치·지리·문화적 이점을 지렛대 삼아 전 세계 경제 발전을 주도할 거예요.

By helping Russia develop its resources in Siberia and build railway networks, Korea will contribute to global energy security and the global tourism industry.

시베리아 자원 개발로 러시아 발전에 도움을 주고, 아시아 태평양과 유럽을 연결해 지구촌 관광 산업에도 기여할 거예요.

The present global economy is in recession. If Korea is unified, North Korea will be rapidly developed and contribute to economic growth in Northeast Asia.

지금 세계 경제는 불황이 계속되고 있어요. 한반도가 통일되면 낙후된 북한이 개발되어 동북아시아가 빠르게 성장할 거예요.

Korea will become a leader of peacekeeping efforts in Asia!

통일 한국은 아시아 평화의 중심이 될 거예요!

North Korea's nuclear threat will disappear, and Korea will be denuclearized. It will lead to peace in Asia by reducing tension and excessive military spending in China and Japan.

북한의 핵무기 위협이 사라지고 한반도 비핵화가 이루어질 거예요. 이를 통해 일본과 중국의 과도한 군사 경쟁도 사라져 동북 아시아에 평화가 올 거예요.

When Korea didn't have the power to protect peace, we experienced the Sino-Japanese War, the Russo-Japanese War, the Pacific War, and the Second World War. It was a time of suffering for numerous people around the world. Korean unification will eliminate the possibility of Korea becoming a battlefield and shattering world peace.

한반도가 평화를 지킬 수 있는 힘이 없을 때 청일 전쟁과 러일전쟁 그리고 태평양전쟁과 2차 세계대전이 일어났어요. 그로 인해 전 세계는 큰 아픔을 겪었어요. 한반도 통일은 한반도가 또다시 세계 평화의 위협이 되는 전쟁기지가 되는 것을 막아줄 거예요.

Korea will become a leader in solving global issues!
통일 한국은 지구촌 문제 해결의 중심이 될 거예요!

Korea will contribute to the balance of power between China and the United States.
한반도가 통일되면 중국과 미국 사이에 힘의 균형자가 될 거예요.

Korea is the only country to have achieved economic development and democratization at the same time, among all countries that gained independence after WWII. Using our experience, Korea will eliminate poverty in North Korea and provide hope to other countries for overcoming conflict and poverty.
2차 세계대전 이후 독립한 국가 중 산업화와 민주화를 동시에 이룬 유일한 나라 대한민국의 힘이, 북한의 빈곤을 해결하고 나아가 전 세계의 빈곤과 분쟁, 난민 문제를 해결할 희망의 증거가 될 거예요.

In 1910, Korea lost its sovereignty to Imperial Japan, and after independence, it was divided due to ideological conflict during the Cold War. Korean unification will prevent imperialism and ideological conflict from disturbing peace in the 21st century.
한국은 1910년 제국주의의 희생양이 되어 나라를 잃었고 냉전과 이념 대립의 희생양이 되어 분단국가가 되었어요. 한반도가 통일되면 제국주의, 이념대립 문제가 다시는 21세기에 등장하지 않을 거예요.

A unified Korea will be the hub of Asia, the gateway to Northeast Asia, and a loved country that shares friendship and dreams with people from all over the world. What do you think a unified Korea will be like?

한반도가 통일 되면 21세기 대한민국은 아시아의 중심, 동북아의 관문, 전 세계 모든 이와 꿈과 우정을 나누는 나라가 될 거예요. 여러분이 생각하는 통일 한국의 미래는 어떤 모습인가요?

 지구촌 촌장학교 실천 활동

1. 여러분이 생각하는 통일 한국은 어떤 모습인가요?

2. 통일 한국과 지구촌 문제는 어떤 연관이 있을까요?

3. 여러분이 통일 한국의 국가 지도자가 된다면 가장 먼저 하고 싶은 정책은 무엇인가요?

나라를 구한
위대한 영웅의 꿈

       청소년 여러분은 나라를 구한 영웅하면 누가 떠오르나요? 저는 일제 강점기 한국이란 나라가 일본 제국주의에 의해 없어졌을 때 사라진 나라를 다시 세우고자 노력했던 독립운동가들이 떠오릅니다. 대표적으로 안중근, 윤봉길, 이봉창이 있습니다. 이 세 분의 업적을 간략하게 정리해 보겠습니다.

안중근(1879~1910년)
- 을사늑약 체결 후 '삼흥학교'를 설립해서 인재양성에 힘씀.
- '동의단지회'를 결성하여 11명과 손가락을 절단하며 한국 독립을 위해 목숨을 바칠 것을 맹세함.
- 1909년 10월 26일 하얼빈 역에서 한국 침략의 원흉인 이토 히로부미를 사살하고 총영사 등 일본의 고위 관료들에게 중상을 입히고 현장에서 체포됨.
- 뤼순 감옥에 수감되어 사형 집행

- 옥중에서 '동양평화론'을 집필

윤봉길(1908~1932년)

- 상하이의 대한민국 임시정부를 찾아가 조국의 독립을 위해 몸과 마음을 바칠 것을 다짐함.
- 1932년 4월 29일 상하이 훙커우 공원에서 일왕의 생일 행사장에 폭탄을 던져 일본군 대장을 즉사시키고 일본 함대 사령관 등을 중상시키고 현장에서 체포되어 총살
- 중국의 지도자 장제스는 "4억 중국인이 해내지 못하는 위대한 일을 윤봉길 한 사람이 해냈다." 칭송

이봉창(1901~1932년)

- 일본 제국주의의 심장부인 일본에서 일본의 가장 높은 국가지도자인 일왕을 죽이려 할 만큼 담대한 독립운동가
- 1932년 1월 8일 일본 왕 히로히토가 일본 도쿄 요요기 연병장에서 신년 관병식을 마치고 궁성으로 돌아가는 길에 폭탄을 던졌으나 실패하고 체포됨.
- 한국의 독립운동 역사상 제국주의 일본의 일왕의 암살을 최초로 시도함.
- 일본에서 한국의 독립운동가 중 가장 두려움을 주었던 독립운동가 이봉창

그렇다면 혹시 여러분은 '장인환', '정명운'이라는 두 사람의 이름을 들어본 적 있나요? 지금부터 이들의 이야기를 들려주도록 하겠습니다.

"탕! 탕! 탕!"

1908년 3월 23일 미국 샌프란시스코의 한 부두에서 미국인 스티븐스가 총소리와 함께 사살되는 사건이 발생합니다. 미국인 스티븐스는 미국 대통령 데오도어 루즈벨트를 만나러 워싱턴에 가기 위해 샌프란시스코의 한 정거장에 나타난 순간, 그를 기다리면 두 명의 청년이 그를 향해 총을 겨누었습니다. 먼저 정명운이 방아쇠를 당겼으나 불발로 실패하자, 다른 위치에서 장인환이 방아쇠를 당겨 스티븐스를 사살하였습니다. 그런데 신기한 건 정명훈과 장인환이 스티븐스 저격 사건 이전에는 서로 한 번도 만나본 적이 없었던 사이라는 점입니다. 스티븐스 저격사건 이후 장인환은 곧바로 구금되었고 '살인중죄'라는 판결을 받아 감옥에 수감되었습니다. 그렇다면 이 두 사람은 왜 미국인 스티븐스를 사살하려고 했을까요?

스티븐스는 미국인으로서 주일 미국 공사관 서기관, 주미 일본 공사관 서기관으로 활동하다가 1904년 대한제국 외교 고문으로 임명되었습니다. 이후 일본 제국주의가 1905년 강제로 한국을 식민지화하기 위해 체결한 을사늑약을 성공시키는 데 미국인 외교 전문가로 큰 기여를 했고, 이를 통해 일본으로부터 수차례 훈장을 받은 대표적인 미국인 친일파입니다. 그는 또한 을사늑약 이후에 미국인들에게 일본 제국주의가 한국을 식민지화하는 것에 대한 국제적인 지지 여론을 세계에 확산시키는 활동을 했습니다. 특히 그는 미국인들에게 일본의 한국 지배가 한국에 도움이 되고 있으며, 한국인들은 일본의 지배를 환영하고 있다는 식으로 왜곡해서 홍보했습니다.

"한국의 국민들은 일본이 한국을 식민지하는 정책을 환영하고 있다."
"일본이 한국을 지배하는 것은 한국에 도움이 되어 한국과 일본은 더 친밀해지고 있다."

"일본이 한국을 지배하는 것은 미국이 필리핀을 지배하는 것과 같다."

"한국 국민들은 미개해서 독립적으로 나라를 운영할 능력이 안 된다."

"일본이 한국을 지배하지 않으면 한국은 러시아에 의해 지배당했을 것이다."

"일본이 한국을 지배한 후 반대하는 여론은 정계에 참여하지 못한 자들뿐이다."

"농민들과 백성은 일본의 한국 지배를 환영하는데, 그 이유는 일본 정부는 한국 정부가 했던 것처럼 이들에게 학대를 하지 않기 때문이다."

스티븐스가 일본 제국주의 편에 서서 한국과 한국인에 대한 왜곡된 내용을 언론을 통해 홍보하고, 이런 내용이 미국의 신문에 보도가 되자 장인환과 정명운은 참을 수가 없었습니다. 결국 두 청년은 나라를 구하기 위한 의로운 용기로 스티븐스를 사살하기로 결심하고 이를 각자 실행에 옮겼습니다. 정명운이 먼저 권총으로 저격하였지만 이는 불발로 실패했고, 뒤이어 장인환이 저격해서 스티븐스를 사살하였습니다. 정명운과 장인환은 바로 그 자리에서 잡혔고 미국 법원은 정명운은 증거 불충분으로 무죄를 선고했지만 장인환은 '환상에 의한 2급 살인자'로 판정하여 25년의 징역형을 선고했습니다. 미국 법원에서 정명운은 스티븐스를 저격한 이유에 대해서 당당하게 말했습니다.

"일본이 한국의 독립을 위해 러시아와 전쟁을 한다고 말했으나 오히려 전쟁에서 승리한 이후 한국의 외교권을 박탈하였으며 토지를 약탈하고 부녀자 강간 등 수많은 한국인들에게 엄청난 고통을 안겨주었다. 스티븐스는 이런 일본을 향해 미국과 국제사회에 옹호하는 활동을 했기에 나는 애국심으로 스티븐스를 저격한 것이다."

장인환 또한 평소에 나라를 위한 그의 마음을 이렇게 말했습니다.

"저는 특별한 배움이 없어 나라를 위해 활동할 방법은 없으나, 언제든지 우리나라가 일본에 대하여 독립전쟁을 개시하는 날에는 반드시 칼을 차고 총을 메어 싸울 것입니다."

미주의 한인동포들은 나라를 위해 독립운동을 하다 큰 고통을 겪고 있는 정명운과 장인환의 변호사 비용을 마련하기 위해 모금운동을 전개했습니다. 두 독립운동가의 구명 활동은 미국뿐만 아니라 전 세계 곳곳의 동포들에게 알려져 약 8,000달러의 기금이 모였습니다. 특히 미주 동포들은 이들이 살인자가 아니라 일본 제국주의의 한국 침략을 막기 위한 독립운동가란 사실을 미국 법원과 미국 사회에 알리기 위해 많은 노력을 했습니다.

일본 제국주의가 고용한 변호사는 이들의 활동은 용서할 수 없는 일급 살인이며 미개한 한국의 발전을 위해 일하다가 죄 없는 미국인이 저격을 당했으므로 조금도 인정을 봐줄 필요가 없다고 주장하였습니다.

반면에 해외 한인들의 모금운동으로 고용된 변호사는 이 사람은 스티븐스가 일본 제국주의 편에서 일하고 한국을 위해 매국을 하는 것에 대한 분노로 인해 잠시 정상적인 사고 판단을 할 수가 없는 상태였습니다. 따라서 우리는 정신적으로 불안정한 상태에서 저지른 범죄임을 고려해야 한다고 변호했습니다. 즉 일본 제국주의로부터 한국을 구하겠다는 마음이 정신적 착란을 일으켜 범죄를 일으킨 과정을 고려해야 한다고 주장한 변호인의 노력을 통해 장인환은 법원으로부터 "정신분열과 망상에 의한 살인죄(Insane Delusion)"로 판결 받아 25년의 형기를 받았고 최종적으로 10년을 감옥에서 복역하였습니다.

스티븐스 저격을 통한 정명운과 장인환의 독립운동과 이들을 도운 한인들의 활동은 한국 독립운동 역사의 최초의 의열 투쟁을 알리는 신호탄이 되었고, 이후 한국의 위대한 독립운동의 역사를 만들어 나갔습니다.

두 청년의 독립운동은 1년 후 안중근 의사의 이토 히로부미 저격사건의 계기가 되었으며 윤봉길, 이봉창 등의 영웅적인 독립 의거로 이어졌습니다. 장인환과 정명운 의사가 1908년 3월 23일 스티븐스를 저격한 이후, 안중근 의사는 1909년 10월 26일 이토 히로부미를 저격하였습니다. 또한 1932년 1월 8일 이봉창 의사는 일본 일왕 히로히또에게 폭탄을 던졌고, 윤봉길 의사는 1932년 4월 26일 중국 상해 홍구 공원에서 일본 시라카와 대장 등에 수류탄을 던졌습니다.

이처럼 정명운, 장인환 두 독립운동가의 활동은 일본 제국주의의 한국 침략을 막아내기 위해 목숨을 내건 활동으로 미국와 전 세계 한인 동포들을 하나로 모이게 하는 계기가 되었습니다. 정명운과 장인환 두 독립운동가의 가장 큰 영향은 미주 한인들이 정명운, 장인환을 구하기 위해 변호사 비용을 모금하는 과정에서 미주 한인들의 조직적인 네트워크가 구축이 되었고, 이를 통해 상해 임시정부에 앞서 사실상 최초의 대한민국 임시정부 기능을 담당했던 미주 독립운동단체인 '재한인국민회'를 탄생하게 한 것입니다.

두 독립운동가를 구하기 위해 변호사 비용 마련을 위한 모금운동을 계기로 1909년 하와이의 한인들과 미주 본토의 한인들의 협력하여 '대한인국민회'란 단체를 설립하였고, 대한인국민회는 이후 미국뿐만 아니라 전 세계 항일 독립운동의 심장 역할을 하여 독립운동가 인재양성, 독립운동 자금 모금 등에 큰 기여를 하였습니다.

미국 독립운동 단체 대한인국민회

여러분은 미국 로스앤젤레스하면 무엇이 떠오르나요? 누군가는 전 세계 영화인들의 꿈인 할리우드를 떠올릴 것입니다. 또한 세계적인 관광지인 산타모니카 해변, 세계 10대 미술관인 폴 게티 미술관, 전 세계 어린이들의 천국인 디즈니랜드, 미국 유명 영화를 주제로 한 세계 최고의 테마 파크 유니버설 스튜디오, 사막 속에 핀 관광과 도박의 도시 라스베가스, 태고의 신비를 간직한 세계적인 유산인 그랜드 캐넌을 떠올리는 사람도 있을 것입니다. 그런데 혹시 여러분은 미국 로스앤젤레스에는 상해 임시정부에 앞서 사실상 임시정부 기능을 담당했던 '대한인국민회'가 있고, 미주 독립운동가들의 유산이 깃들어 있다는 사실을 알고 계시나요?

대한인국민회는 일제강점기 해외 한인 독립운동의 구심점 역할을 한 단체이며 이곳에는 조국의 독립을 위해 자신의 삶을 바친 독립운동가들의 꿈이 남아 있습니다. 대한인국민회는 정명운과 장인환 두 독립운동가의 활동이 계기가 되어 미주의 한인동포들이 하나가 되어 1909년 미국 샌프란시스코에서 설립된 독립운동단체입니다. 이 단체는 한국이 일본 식민지가 되었을 때 우리가 알고 있는 중국 상해 임시정부보다도 먼저 미국 내 한인들의 조직적인 독립운동을 주도적으로 전개했습니다. 특히 대한인국민회의 이대위 목사는 미국에서 신문을 인쇄할 때 사용하는 영어 식자기를 응용하여 세계 최초로 한글 식자기를 발명했고, 이를 통해 대한인국민회의 기관지 '신한민보'란 신문을 발행하여 미국의 한인들에게 독립정신을 고취시켜나갔습니다. 이대위 목사가 발행한 '신한민보'는 대한인국민회에 가입한 미주 한인들에게 널리 배포되어 일본 제국주의의 한국 침략 만행과 이에 대항하는 한국 독립운동가들의 위대한 활동들을 알려나갔습니다.

죽음을 앞 둔 이대위 목사는 "동포들은 다 평안하신가요? 동포들이 보고 싶습니다."라는 말을 유언으로 남기며 삶을 마감하는 순간까지도 조국의 독립과 동포들을 걱정하였습니다. 그의 유언은 지금도 미국의 한인사회의 큰 감동의 울림을 주고 있습니다.

그곳에는 대한인국민회는 이대위 목사뿐만 아니라 "우리가 할일은 아니하고 남의 힘으로 독립을 이룰 수 없다."며 미국 내의 한국의 독립운동 1번지인 대한인국민회 북미 총회관을 세운 민족 지도자 송헌주의 꿈도 깃들어 있습니다. 독립운동가 송헌주는 고종황제가 일본 제국주의의 한국침략을 세계에 고발하도록 특별 임무를 맡긴 헤이그 특사의 숨은 통역 특사였습니다. 일본의 방해 활동으로 네덜란드의 헤이그 특사 활동이 좌절되자 이상설은 서구 열강을 대상으로 일본 제국주의의 만행을 알리기 위해 송헌주를 통역 특사로 임명하여 헤이그 특사의 활동을 전 세계에 알리는 데 큰 기여를 했습니다. 송헌주는 헤이트 특사 활동뿐만 아니라 대한인국민회 집행위원장, 상해임시정부의 재무위원으로 활동하며 독립운동 모금 운동에도 앞장서 나갔습니다.

또한 대한인국민회는 미국에서 한글학교를 통해 동포 자녀들의 정체성 확립에 기여했으며, 군사 학교를 설립하여 독립군 사관생도를 양성하여 한국의 독립에 큰 기여를 했습니다. 무엇보다 일본 영사관을 대신하여 사실상 미국 내 한인들의 외교와 영사 업무를 대리하는 등 실제적인 대한민국 임시정부 기능을 담당했습니다. 놀라운 것은 대한인국민회가 미 국무부와 캘리포니아 주 정부로부터 자치단체의 자격과 권위를 인정받아 미국 내 한인사회의 자치와 권익을 발전시켜 사실상 국권을 잃은 한국의 총영사관의 기능을 수행한 것입니다. 실제로 1910년 일본이 한국을 식민화한 이후 중국으로 망명하던 한국 인사들 중 541명은 여권이 없어 미국에 올 수 없었지만, 대한인국민회의 보증을 통해 미국에 망명 유학생 자격으로 입국할 수 있었고 영주권 또한 받게 되었습니다.

　무엇보다 대한인국민회는 상해 임시정부 청사를 세우는 데 결정적인 기여를 했습니다. 1919년 3월 1일 한국에서 독립 만세 운동이 시작된 이후 미국의 각 지역 한인들은 대한인국민회를 중심으로 하나가 되었고, 이들은 미국 전 지역을 거쳐 한인들을 대상으로 모금 운동을 전개해서 약 9만 달러를 모금했습니다. 이중 2만 5,000달러는 중국 상하이에 보내졌고, 상하이에 있던 독립운동가들은 이 돈을 발판으로 독립운동의 터전이 될 집을 구했으며, 이 집은 상하이 임시정부 청사로 사용되었습니다.

한국의 독립을 위해 전 세계의 독립운동가들을 기억해 주세요!

　저는 2016년 8월 반크의 청년들과 함께 미국 로스앤젤레스의 대한인국민회 기념관을 방문했습니다. 제가 기념관에서 들어서자 자원봉사 안내원으로 활동하는 한 어르신께서 저희 일행에게 이 전시관에서 얼마 정도의 설명 시간을 줄 수 있는지를 물었습니다. 주어진 시간만큼 전시회를 소개해 주시겠다는 배려를 하신 것이지요. 이에 저는 다음과 같이 말했습니다.

　"우리는 100년 전 한국이 일본 제국주의의 식민지였을 때, 나라를 되찾기 위해 미국에서 자신의 인생 전체를 바친 한국의 독립운동가들의 위대한 꿈이 이곳 전시관에 있다는 것을 알고 왔습니다. 오늘 하루 모든 시간을 이곳 전시관에서 보낼 수 있으니 저희에게 미국에서 활동한 독립운동가들의 모든 것을 소개해 주세요."

　그 순간 할아버지는 감격에 찬 목소리로 말했습니다.

　"감사합니다. 이곳을 방문하는 분들은 일정상 짧게는 20~30분만 방문하고 떠

나갑니다. 그 시간으로는 100년 전 미주 독립운동가들의 꿈을 소개하는 데 턱없이 부족하지요. 그런데 여러분은 우리에게 충분한 시간을 주었습니다. 올해 저에게 미주 독립운동가들의 활동을 소개하도록 이렇게 충분한 시간을 준 분들은 여러분이 처음입니다. 진심으로 감사합니다."

대한인국민회의 기념관에서 자원봉사 안내원으로 활동하는 연세 지긋한 할아버지는 한국에 온 반크 청년들에게 3시간 동안 100년 전 미국에서 활동했던 독립운동가들의 꿈을 소개하고, 나라를 구하기 위한 그들의 위대하고 영웅적인 독립활동을 소개했습니다. 반크 청년들은 할아버지와 함께 마치 타임머신을 타고 100년 전으로 시간을 되돌려서 알려지지 않은, 기억에서 잊힌 미국에서 조국의 독립을 위해 활동했던 수많은 독립운동가들의 삶을 생생하게 지켜보았습니다. 할아버지는 반크 청년들에게 알려지지 않았던 미주 독립운동가들의 활동을 이야기하면서 눈물을 흘렸습니다. 그 모습에 감동한 반크 청년들은 말했습니다.

"한국에 있는 청년들에게 전해줄 말이 있으신가요?"

할아버지는 말했습니다.

"미주 독립운동가들을 기억해 주세요. 한국에 돌아가면 오늘의 저 대신 한국의 청년들에게 전해주세요. 나라를 빼앗겼을 때 나라를 되찾기 위해 자신의 삶을 헌신한 미주 독립운동가들의 활동을, 그들의 위대한 꿈을."

이 말을 하면서 할아버지의 두 눈에 눈물을 맺혀 있었습니다. 할아버지는 또 말했습니다.

"여러분, 이제 마지막으로 여러분과 가고 싶은 곳이 있습니다. 이 근처에 있는 로즈데일 묘지입니다."

"우리가 묘지에 왜 가야 하나요?"

"이 묘지는 평범한 묘지가 아니라, 바로 미국 로스앤젤레스의 작은 한국의 국립 묘지이기 때문입니다."

"한국의 국립묘지요? 그게 무슨 의미인가요?"

"네, 한국의 국립묘지입니다. 이 묘지에는 미국에서 활동한 한국의 독립 유공자 열여덟 명이 잠들어 있기 때문입니다."

저는 반크 청년들과 함께 대한인국민회 분들과 함께 로즈데일 묘지에 가서 이곳에 잠들어 있는 미주 독립유공자 18명의 묘를 찾아 함께 추모했습니다.

한시대(건국훈장 독립장)	문성성(건국훈장 애족장)
송헌주(건국훈장 독립장)	장인명(건국훈장 애족장)
최진하(건국훈장 독립장)	방사겸(건국 포장)
신형호(애족장)	박충섭(건국포장)
임성실(건국포장)	강영문(건국훈장 애족장)
박영복(건국포장)	이성례(건국포장)
김성권(건국훈장 애족장)	강혜원(건국훈장 애족장)
한재명(건국훈장 애국장)	김종학(건국 포장)
안석중(애족장)	임준기(애족장)

"이분들을 기억해 주세요. 미국 로스엔젤레스 로즈데일 묘지에 잠들어 있는 이분들의 이름을 기억해 주세요. 100년 전 조국을 위해 자신들의 인생을 바친 이들의 삶을 기억해 주세요."

저는 대답했습니다.

"네, 기억하겠습니다. 이분들의 이름을, 이분들의 삶을. 그리고 이분들이 못다 한 100년 전의 꿈을 전하겠습니다. 나아가 이분들이 21세기 한국의 청년들과 함께 만들고 싶은 대한민국의 위대한 미래를 만들겠습니다."

한국의 청소년 여러분! 역사를 기억하는 사람이 역사를 만들어 나갑니다. 바로 여러분이 100년 전 전 세계 곳곳에서 활동했던 독립운동가들의 꿈을 이어받아 21세기 대한민국의 위대한 미래를 만들어 나갈 한국 청소년입니다! 한국 청소년들의 도전이 대한민국의 미래입니다!

 지구촌 촌장학교 실천 활동

1. 일제 강점기 전 세계 곳곳에서 활동했던 독립운동가들에 대해 조사해 보세요.

2. 여러분이 만약 일제 강점기 독립운동가로 활동한다면 어떤 일을 하고 싶은지 생각해 보세요.

3. 제대로 알려지지 않은 독립운동가들을 조사한 후, 한국과 세계에 홍보할 수 있는 프로젝트를 추진해 보세요.

Day 30

한국의 독립운동가,
세계에 바로 알리기

2016년 10월 연합뉴스, 경향신문, 매일경제, 서울경제 등 국제 주요 신문사엔 다음과 같은 제목과 기사가 보도가 되었습니다.

중국 최대 검색엔진의 윤동주는 중국인, 김구 이봉창은 조선족!

반크의 사이버 외교관 중학교 3학년 이시우 군이 발견

• 하루 20억 명 이용 '바이두'

• 사전에 김구 선생 '조선족'

• 중3 이시우 군, 역사 오류 잡아내

중국 최대의 인터넷 검색 포털 사이트 바이두(百度)의 백과사전(baike.baidu.com)이 윤동주 시인의 국적을 '중국'으로, 민족은 '조선족'으로 표기하고 있는 것으로 나타났다. 사이버 외교사절단 반크에 따르면 이 백과사전은 또 김소월 시인의 국적을

'북조선', 민족을 '조선족'으로, 독립운동가 이봉창의 국적은 '조선', 민족은 '조선족'으로 소개하고 있다.

(……중략……)

바이두 백과사전의 오류를 찾아낸 이는 반크의 사이버 외교관인 중학교 3학년생 이시우 군이다. 그는 최근 반크에서 사이버 외교관 교육을 받고 활동하면서 제보했다. 이시우 군은 "어머님이 백두산을 오른 뒤 중국 지린(吉林)성 룽징(龍井)의 윤동주 생가를 찾았는데, 안내원이 윤동주 시인을 조선족이라고 말하는 것을 듣고는 내게 알려줬다."며 "곧바로 바이두를 방문해 윤동주를 검색해보니 국적이 중국으로 적혀 있는 것을 보고 충격을 받았다."고 말했다. 이에 반크는 "바이두 백과사전 운영진에 한국 독립운동가에 관한 정확한 정보를 알리고 시정을 요청할 것"이라고 밝혔다.

반크는 이런 오류의 근본적인 원인은 한국의 역사와 독립운동가들이 전 세계에 올바로 알려지지 않은 탓이라고 판단하고 있다. 박기태 반크 단장은 "독립운동가들의 국적을 제대로 표기하는 것은 그들의 헌신으로 되찾은 이 땅에서 살아가는 21세기 한국인이 마땅히 해야 할 일"이라며 "3·1절, 8·15 광복절 등 기념일 때만 독립운동가의 삶을 기억하고 기리는 태도에서 벗어나 1년 365일 그들의 삶을 제대로 홍보하는 활동을 펼치겠다."고 밝혔다.

반크는 지난달부터 세상에 널리 알려지지 않는 독립운동가들의 활약상을 국내 청소년과 전 세계인에게 알리는 프로젝트를 전개하고 있다. 앞서 미국·일본·중국에서 활동했던 독립운동가들의 활동을 소개하는 한글과 영어 동영상을 제작해 유튜브와 SNS에 배포하기도 했다.

(……후략……)

해당 기사가 보도가 되자 많은 사람들이 저에게 연락을 주었습니다.

그리고 중학교 3학년 어린 나이에 이런 중요한 역사 오류를 발견한 이시우 군의 활동에 감사와 격려를 표현했으며, 이 청소년의 역사의식을 높이 평가했습니다.

무엇보다 역사공부가 시험과 입시를 위한 목적으로 변질된 지금, 올바른 역사의식을 바탕으로 세상을 바꾸어나간 이 청소년의 위대한 도전에 아낌없는 박수를 보낸다는 격려가 빗발쳤습니다. 사실 신문에 소개된 것처럼 중학교 3학년 이시우 군은 나이는 어리지만 가슴 속에 품은 역사의식은 100년 전 제국주의에 의해 침탈되었던 나라를 되찾기 위해 자신의 삶을 헌신한 독립운동가 그 자체였습니다. 이시우 군은 한국의 청소년이 세계 곳곳에 왜곡되고 잘못된 한국의 역사를 고치는 것이 왜 중요한지를 다음과 같이 설명했습니다.

"세계 곳곳에 남아 있는 한국에 대한 오류를 지속적으로 지적하고, 반론을 제시하고, 다양한 통로를 통해 항의하지 않으면 시간이 지남에 따라 오류는 사실이 되기도 합니다. 어쩌면 이런 걸 바라고 누군가가 세계에 오류를 퍼트렸는지도 모릅니다. 이런 작은 오류들이 쌓이고 쌓여서 대한민국의 어제와 오늘이 됩니다. 그러므로 좀 더 적극적인 한국에 대한 오류 수정이 필요합니다. 오류 하나하나는 작을 수 있지만, 그 이미지가 곧 한국의 이미지를 규정짓는 한 잣대가 될 수 있다는 점에서 해외에서 광범위하게 자행되고 있는 우리나라에 대한 곡해와 정보부족으로 인한 오류 등에 대해 적극적인 대응이 필요합니다."

저는 이시우 군이 틈틈이 공부한 중국어 실력으로 중국의 바이두 백과사전을 대상으로 한국의 독립운동가들에 대한 제대로 된 정보를 알리기 위한 프로젝트를 추진하는 것처럼 한국의 청소년들 또한 전 세계에 100년 전 한국의 독립을 위해 헌신한 독립운동가들의 꿈을 적극적으로 알리는 활동을 하는 것이 필요하다고 생각합니다. 외국의 백과사전에 한국의 독립운동가들에 대한 잘못된 정보가 발생한 근본적인 원인은 한국의 독립운동가들과 한국의 역사에 대해서 전 세계에 제대로 알려지지 않았기 때문에 발생 한 것이기 때문입니다.

일제 강점기 한국의 독립운동을 위해 헌신한 독립운동가들의 국적을 제대로 찾는 활동을 통해 일본 제국주의에 맞서 한국의 독립을 위해 헌신한 한국의 독립운동가들의 정신과 꿈을 한국의 청소년들에게 제대로 전할 수 있다고 생각합니다. 또한 더 나아가 전 세계의 청소년들에게 독립운동가의 활동을 널리 홍보하는 것이 독립운동가들의 명예를 높일 수 있는 최고의 길이라 생각합니다.

독립운동과 관련된 기념일에만 독립운동가의 삶을 기억하고 기리는 활동을 넘어 1년 365일 한국의 독립을 위해 애쓴 독립운동가들의 삶을 제대로 홍보하기 위해 우리 청소년들이 다양한 프로젝트를 기획하고 참여하면 어떨까요? 한국의 청소년들이 세상에 널리 알려지지 않는 독립운동가들의 활약상을 창의적으로 세계인들에게 소개하는 프로젝트를 추진하기를 희망합니다.

컴퓨터 프로그램을 공부한 학생이라면 독립운동가들의 꿈과 도전을 소개하는 앱과 모바일 게임을 만들어볼 수도 있을 것이며 어학을 공부하는 학생이라면 영어, 일어, 중국어 등 전 세계 언어로 독립운동가들의 활동을 블로그나 웹사이트로 제작하여 홍보할 수도 있을 것입니다. 동영상을 만들 수 있는 한국의 청소년들이라면 미국, 일본, 중국에서 활동했던 독립운동가들의 활동을 소개하는 한글과 영어 동영상을 제작해 유튜브와 SNS에 확산하는 등 독립운동가들의 활동을 전 세계에 홍보하는 활동을 할 수도 있을 것입니다.

나라를 구하고 세상을 바꾼 위대한 리더는 역사책에만 숨어 있지 않습니다. 바로 세상을 변화시키고자 꿈을 가진 한국의 청소년들이 곧 위대한 리더가 될 수 있습니다.

여기서 반크 활동을 통해 올바른 역사의식을 통해 세상을 바꾸어 나가는 중학교 3학년 이시우 학생의 인터뷰를 소개합니다.

□ 2016년 9월 최고의 사이버 외교관 이시우 인터뷰

① 최고의 사이버 외교관이 된 소감을 말해 주세요.

우선 너무 기쁩니다. 생각지도 않았고, 자신감 있게 시작한 것과 달리 한주 한주 하다 보니 게을러지고 힘들고 했는데, 이렇게 최고의 사이버 외교관이라는 타이틀까지 얻게 되니 좀 더 열심히 할 걸 하는 후회가 생깁니다. 앞으로 최고의 사이버 외교관으로서 반크 활동을 결심한 초기의 열정을 잃지 않고, 지금부터 내가 외교관이라는 생각으로 교육주간에 느꼈던 것들을 하나하나 실천하는 계기로 삼겠습니다.

② 이시우 군이 생각하는 사이버 외교관은 어떤 사람인가요?

백지장 한 장 차이지 않을까 싶습니다. 일반인과 사이버 외교관의 차이는 행동이죠. 우리 국민 중 누가 독도와 동해 문제에 대해서 분개하고, 고쳐야 한다고 생각하지 않는 사람이 있겠습니다. 그러나 그 생각을 행동으로 옮기는 사람이 사이버 외교관입니다. 우리 역사, 우리 문화, 우리 전통에 대해서 열정을 가지고 좀 더 경험하고 연구해서 세계인과 함께 나누려고 노력하는 사람, 사이버 외교관은 바로 그런 열정을 가진 우리 국민 모두가 아닌가 생각합니다.

③ 사이버 외교관 교육 중 가장 인상 깊었던 교육은 무엇인가요? 그 이유는 무엇인가요?

해외 사이트에서 우리나라에 대한 오류를 찾는 교육이 기억에 남습니다. 우연한 기회에 알게 된 윤동주 시인의 국적은 충격이었습니다. 이곳저곳 사이트를 찾아서 안 되는 중국어를 번역해 가면서 직접 제 눈으로 사실을 확인하자 정말 화가 많이 났습니다. 그 암울한 시기, 우리 민족혼을 일깨운 민족 시인을 중국 국적의 시인이라고 버젓이 표기하고 있는 현 상황이 너무 안타까워 한참을 말문을 잃었습니다. 한국과 중국의 국제 사회의 위상 등으로 현재 바로 수정은 불가할 것 같지만 끊임없이 주장하고, 근거를 찾고, 항의한다면 언젠가는 고쳐질 수 있을 거라 믿고, 미미하나마 저도 힘을 보태고 싶은 생각이 들었습니다.

④ 사이버 외교관 교육이 삶에 어떤 영향을 주었나요? 교육 전, 후 변화된 점이 있다면?

허투루 보는 것들이 없어졌습니다. 지역의 작은 유적 하나에도 이제 관심이 갑니다. 우리 지역 역사를 배우면서도 그저 형식적으로 스치고 말았는데, 반크 교육 덕분에 지난 주말에는 목포에 있는 근대역사관을 다녀왔습니다. 오는 길에 목포에서 소녀상이 있다는 것을 처음 알았습니다. 수없이 오고가면서도 보지 못했던 것들이 이제 관심을 가지니 조금씩 보이기 시작한 듯 합니다. 아직 멀었지만, 내가, 우리에게 소중하지 않은 것들이, 소중하게 대접받지 못한 것들이 세계인을 감동시킬 수 없고, 우리마저 그 의미를 충분히 알지 못하는 문화재가 세계인의 유산이 될 수 없음을 확인하곤 합니다.

⑤ 앞으로의 사이버 외교관 활동 계획 또는 하고 싶은 일이 있다면 이야기해 주세요.

이제 고등학생이 됩니다. 지금보다는 시간이 많이 없을 듯합니다. 그러나 시간을 내서 우리 지역, 인근 지역의 역사에 대해서 조금씩 정리를 해 보고 싶습니다. 수많은 유무형의 문화재와 수려한 자연경관들이 있음에도 그 가치를 알지 못했던 것 같습니다. 시간을 내서 꼭 우리 지역 문화탐방을 이어가고 싶습니다. 물론 잘 정리해서 반크를 통해 세계와 소통하겠습니다.

⑥ 이런 활동을 하고자 하는 청소년들에게 한 마디 부탁 드려요.

일단 시작하세요. 물론 어려움이 있겠지만 무척 소중한 시간이 되리라 믿습니다. 나를 돌아보고, 우리에 대해서 생각할 수 있는 소중한 시간이 될 것이니까요. 잘 하는 것 보다 중요한 것은 행동하는 것입니다.

 지구촌 촌장학교 실천 활동

1. 해외 웹사이트에 한국의 독립운동가들이 어떻게 소개되어 있는지 조사해 보세요.

2. 미국, 일본, 중국에서 활동했던 독립운동가들의 활동을 소개하는 블로그를 만들어 보세요.

3. 독립운동가들의 활동을 소개하는 동영상을 제작해 SNS에 알려 보세요.

Day 31

전 세계에 박물관을 세우는
글로벌 리더 되기

　　　　　한번은 미국의 한 기관으로부터 초대받아 강의를 하러
간 적이 있었습니다. 그때 미국에 있는 동안 서울에 있는 한 지인에게 급히 연락
이 왔습니다.

　"단장님, 지금 미국 LA에 계시죠? 급히 폴 게티 미술관에 가보셔야 할 것 같아
요. 제 친구가 여행 중에 폴 게티 미술관에 갔는데, 그곳에서 지금 동양의 역사와
관련된 전시가 진행 중이래요. 그런데 전시 내용 중에 한국 역사와 관련한 부분에
왜곡된 부분이 있나봐요. 친구에게 내용을 전달 받고 바로 단장님께 연락드려요.
친구가 제보한 현장 사진을 보냅니다."

　제보 사진을 보니 폴 게티 미술관의 어느 전시관 벽면에 걸린 세계지도였습니다.
그런데 이 지도에는 한국과 일본 사이의 바다를 동해 대신 일본해로 단독 표기하고 있었고, 중국의 만리장성이 한반도 안에 깊숙이 들어와 있었습니다.

폴 게티 미술관은 미국의 대부호 폴 게티 재단이 미국 캘리포니아 주 로스앤젤레스에 1974년 개설한 미술관으로 LA를 방문하는 전 세계 외국인들이 필수적으로 찾는 유명 관광지로 꼽히며, 미국인들이 일상적으로 자주 찾는 유명 미술관입니다. 이런 세계적인 장소에 한국 역사에 대한 오류가 그대로 전시되고 있다는 말을 듣고 저는 하루도 기다릴 수가 없어 바로 다음 날, 다른 일정을 미루고 반크의 동료들과 함께 폴 게티 미술관에 방문했습니다. 하지만 하필이면 그날이 월요일이라 미술관이 닫혀 있었습니다. 어쩔 수 없이 그 다음 날 다시 미술관에 찾아갔습니다.

미술관에 도착하자 생각 이상의 엄청난 규모에 깜짝 놀랐습니다. 문제는 이런 엄청난 규모의 미술관에서 사진만 가지고 어떻게 한국 관련 오류를 찾느냐였습니다. 나와 반크 동료들이 찾기에는 하루 종일 걸려도 힘들 것 같았습니다. 바로 그때, 미술관 입구에서 자원봉사 하는 미국인 할머니가 보였습니다. 혹시나 하는 마음으로 할머니에게 사진을 보여주며 물었습니다.

"할머니, 이 미술관에서 이 세계지도가 있는 전시실이 어디 있나요?"

놀랍게도 할머니는 이 지도가 걸려 있는 전시실을 알고 있다며 걱정하지 말고 자신을 따라오라고 말했습니다. 할머니는 폴 게티 미술관에서 중국 관련 특별 전시가 열리고 있는 한 전시관으로 절 데려갔습니다.

전시관 입구에서 보니 '둔황동굴 사원: 중국 실크로드의 불교 미술'이라는 제목으로 특별 전시가 열리고 있었습니다. 그런데 중국 관련 전시관에서 어떻게 한국 관련 역사 오류가 있는 것일까요? 계속 의문점을 가지고 전시관 입구에서부터 한국 관련 오류를 찾기 시작했습니다. 그런데 한국 관련 오류를 찾는 데는 시간이 별로 걸리지 않았습니다. 바로 전시관 문 앞에 있었기 때문입니다.

전시장 입구 대형 벽면 한쪽면 전체에 세계지도가 그려져 있는데, 이 세계지도에는 고대 중국의 역사 속에서 실크로드의 동서양 무역 루트, 동굴 사원, 만리장성 등이 표시되어 있습니다. 문제는 그 만리장성이 한반도 영역 안에 들어와 있다는 것이었습니다.

'만리장성이 한반도까지 뻗었다.'는 내용은 2012년 중국 사회과학원이 '중국역사집'을 공식 간행하면서 처음 발표해 큰 물의를 일으킨 바 있습니다. 중국은 이른바 '동북공정(東北工程)'을 통해 고구려 역사를 중국 역사의 일부로 왜곡하는 논리를 개발했으며, 특히 "4년 반 동안의 현지 조사 결과, 만리장성의 전체 길이가 2만 1196.18km로 한반도 내 평안 인근 지역까지 뻗었다."고 주장한 바 있습니다. 중국 정부가 과거 자신들의 주장보다 두 배 이상 고무줄처럼 늘어난 수치를 내세워 만리장성이 한반도 영역 깊숙이 들어와 있다고 주장하면서 한국의 고구려 역사가 중국의 역사라는 역사 왜곡의 근거로 삼고 있는 것입니다. 이런 중국 정부 내의 동북공정 내용이 세계적으로 영향력이 막대한 폴 게티 미술관에 버젓이 전시되고 있다는 것은 큰 충격이었습니다. 또한 만리장성이 한반도까지 뻗었다는 내용에 이어 큰 글씨로 한국의 바다를 일본해라고 단독 표기하고 있는 것도 어처구니가 없었습니다.

어떻게 미국의 유명 미술관에 이런 오류 내용이 전시될 수가 있었을까요? 저는 전시장에서 안내를 맡은 미국인 직원에게 물었습니다.

"전 이 전시회에 매우 관심이 있습니다. 이 전시회는 누가, 언제, 어떻게, 왜 전시되게 되었나요?"

"이 전시회는 중국의 유명한 연구기관인 둔황 아카데미와 로버트 호 패밀리 재단이 게티 미술관과 협력하고 중국의 다양한 기업과 재단이 후원해서 이루어졌습니다. 특히 홍콩의 거부 '로버트 호 패밀리 재단'에서 이 전시회에 엄청난 자금을 후원했습니다. 우리 게티 미술관은 중국 측과 서로 3년간 협력해서 전시회를 준비했습니다."

안내 직원 설명을 듣고 전시관 안내 자료를 얻어서 보니 후원 기관은 '로버트 호 패밀리 재단'으로 되어 있고, 중국의 에어차이나, 동서은행, 차이나 코스코 배송 기업이 후원사였습니다. 무엇보다 심각한 문제는 이 전시관이 미국에서 집중적인 관심을 받고 있다는 점이었습니다. 인터넷에서 바로 관련 전시를 기사 검색해 보니 2016년 5월 7일부터 9월 4일까지 열리는 이 전시는 시작할 때부터 미국 내에서 상당히 화제를 모으고 있었습니다. 전시회를 개최할 당시 미국 전역의 방송, 언론사 등 미디어에서 취재를 나왔을 정도로 화제와 인기를 끌고 있었으며 미국 전체의 미술, 인류, 역사학자들로부터 집중적인 조명을 받고 있었습니다.

그렇다면 왜 이 전시에 미국인들이 관심을 가졌던 것일까요? 바로 여기에 전시된 콘텐츠인 중국의 둔황석굴에 대한 미국인들의 관심 때문이었습니다. 당시 미주 중앙일보 언론사 보도에 따르면 둔황석굴 전시 발표 기자회견에 참석했던 게티 재단의 짐 쿠노 회장은 "동서양 역사에서 가장 신비로운 곳은 동서교류가 이뤄진 실크로드"라며, 이 전시가 이 역사의 비밀을 눈으로 직접 확인해 볼 수 있는 전시라는 점을 강조했고 25년간 둔황동굴 복구 작업에 매달려온 게티 복구팀과 둔황 아카데미를 치하했습니다.

게티 미술관의 〈둔황동굴 사원〉 전시회에는 세계적 미스터리로 불리는 중국 실크로드의 둔황석굴을 장식한 다양한 문화유산이 선보이며 실제 둔황석굴 3곳을 그대로 재현한 모형이 설치되어 있었습니다. 또 5,000여 점의 불상, 조각, 불화와 벽화 등이 전시되어 전 세계에서 온 관람객들의 큰 호응 속에 성황리에 열리고 있었습니다. 실제로 둔황동굴은 중국의 실크로드 영사산 기슭에 위치한 중국 3대석굴의 대표적 동굴로, 크고 작은 500여 개의 석굴로 이루어져 있으며 거의 대부분의 석굴에는 불상 조각과 벽화가 있어 지난 1987년 유네스코 세계 유산에 등재되기도 했습니다. 이런 이유로 중국의 둔황동굴을 재현해 낸 전시관은 오랫동안 줄을 서야 볼 수 있을 만큼 세계의 관람객들에게 큰 인기를 끌고 있었습니다.

중국의 전시관을 보기 위해 길게 줄을 선 외국인을 따라 줄을 서서 기다리면서 마음 한편으로는 씁쓸함을 감출 수 없었습니다. 중국은 이렇게 중국의 문화와 역사를 알리기 위해 분주히 움직이는데 우리는 지금 무엇을 하고 있는지 속상했습니다. 무엇보다 중국의 역사와 문화를 미국의 유명 미술관이 가진 세계적인 영향력을 통해 널리 알리려는 중국인들이 무섭게 느껴졌습니다.

서양인들은 동서양 역사에서 가장 신비로운 곳은 동서교류가 이뤄진 실크로드를 떠올리는 데 주저하지 않습니다. 이런 현실 속에서 중국인들은 실크로드를 향한 세계인의 집중적인 관심과 둔황동굴 사원이라는 고고학적 가치가 높은 유산을 중국 역사를 전 세계에 알리는 문화콘텐츠로 사용하고 있는 것입니다. 또한 이런 중국 역사 세계화 프로젝트에 중국의 정부, 학계, 기업들이 하나로 힘을 뭉쳐 협력하고 있는 것입니다.

우리 한국인은 언제까지 중국과 일본이 전 세계 박물관, 미술관을 대상으로 대대적으로 자국의 문화와 역사를 세계인에게 알리는 것을 부러워만 하면서, 그들이 소개한 내용에서 한국이 잘못되어 있다고 항의하고 고쳐 달라고만 해야 하는지 분통이 터졌습니다. 실제로 안내원은 저에게 미국의 게티 박물관의 중국의 둔황 아카데미는 무려 25년간 공동으로 둔황동굴 복구 작업에 힘써왔으며, 게티 박물관에서 이 전시회를 열기 위해 3년을 준비했고, 중국은 열 명이 넘는 화가를 미술관에 보내 전시관 곳곳에 고대 분위기의 벽화를 그리게 했다고 설명했습니다.

25년간의 유산 복구 작업, 3년간의 전시 준비 등을 통해 미국 전체에서 집중적인 관심을 받은 〈둔황동굴 사원〉 전시회에 대한 안내 직원의 자부심과 뿌듯함이 느껴졌습니다. 하지만 우리 입장에서는 이미 4개월 동안 전시되었고, 전시 기간이 끝나가는 막바지에 이르러서야 이런 오류를 발견했다는 사실에 힘이 빠질 수밖에 없었습니다. 이미 한국에 대한 잘못된 정보는 미술관에 방문한 세계인들의 인식 속에 자리잡아 지금은 아무것도 할 수 없는 것이 아닌가 하는 무력감까지 들었습니다. 사실 이런 무력한 기분은 이번이 처음은 아니었습니다.

저는 2015년 7월 세계적인 박물관인 워싱턴 스미소니언 박물관에서 일본해가 단독 표기된 지도를 발견했었습니다. 또한 같은 시기 세계 4대 박물관중 하나인 뉴욕 메트로폴리탄 박물관에서 만리장성이 한반도까지 뻗어 있는 지도 또한 우연히 발견한 적이 있었습니다. 뉴욕 메트로폴리탄 박물관에 '중국관'이 있다는 소식을 접하고 한국을 알리는 활동을 하는 저는 호기심으로 중국관에 갔었습니다. 그런데 놀랍게도 중국관에 있는 세계지도에 만리장성이 한반도 영토까지 깊숙이 들어와 있는 것으로 왜곡 표기하고 있었습니다. 메트로폴리탄 박물관의 '중국관'은 한나라 왕조(Han dynasty, B.C. 206~A.D. 220)와 관련하여, 중국 지도에 만리장성이 한반도 영토까지 들어와 평안남도 인근 지역까지 있었던 것으로 잘못 소개하고 있었습니다. 당시 저는 세계적으로 유명한 미국의 뉴욕 메트로폴리탄 박물관이 중국의 동북공정을 지지하는 듯한 내용을 버젓이 소개한다면 중국의 왜곡된 역사 인식을 국제적으로 인증해 세계에 홍보할 수 있는 명분이 되고, 무엇보다 메트로폴리탄 박물관을 방문하는 수많은 세계인들에게 잘못된 한국의 역사 정보를 심어줄 수 있다고 우려했습니다.

그런데 정말 어처구니없는 것은 중국인이 지원한 중국관이 아닌 우리 한국인이 지원해서 만든 한국관에도 잘못된 역사가 버젓이 방치되고 있다는 사실이었습니다. 한국관 입구에 있는 한국사 연표엔 고조선 역사가 완전 누락되어 있으며, 한국사를 청동기, 철기를 거쳐 바로 고구려, 백제, 신라를 소개하고 있습니다. 뉴욕 메트로폴리탄 박물관 내 한국관은 중국관, 일본관에 비해 비교될 수도 없을 만큼 작은 규모로 소개되어 있었습니다.

저는 분노에 사로잡혔습니다. 하지만 그 분노의 대상은 명확하지 않았습니다. 중국 문화와 역사를 미국의 유명 박물관과 미술관을 통해 전 세계에 알리기 위해 노력하는 중국인들을 향해 분노해야 하는 걸까요? 아니면 막대한 비용과 투자가 들어가는 중국 문화 역사 홍보사업에 아낌없이 투자하는 중국의 기업들에 분노해야 하는 걸까요? 아니면 중국 정부와 기업들의 중국 문화 홍보사업에 협조한 미국의 박물관과 미술관을 향해 분노해야 할까요?

엄밀히 따지면 이들의 잘못이라고만 할 수는 없는 일이었습니다. 미국의 박물관 입장에서도 중국의 역사와 문화가 세계인들이 관심을 가질 만한 역사 콘텐츠인 이상 박물관 경영을 위해서도 필요한 일이라 생각하는 건 당연한 일입니다.

어쩌면 저는 분노보다는 자국의 문화와 역사를 세계적으로 영향력이 막강한 미국의 유명 박물관과 미술관에 홍보하는 중국인의 영리함과 치밀함이 부러웠는지도 모릅니다. 정말 중요한 문제는 그들은 스스로 가지고 있는 막대한 경제력과 힘을 기반으로 수십 년 동안 전 세계 박물관, 미술관에 자국의 역사와 문화를 홍보하고 있는데 우리는 아무 것도 하지 않고 있다는 사실이었습니다.

'우리는 왜 중국처럼 정부와 기업, 민간이 하나가 되어 수십 년 프로젝트로 미국의 유명 박물관과 미술관에 한국의 역사를 소개하는 특별 전시관을 성공적으로 개최하지 못하는가?'

이런 기분을 안고 LA 게티 미술관에 〈둔황동굴 사원〉 전시회를 설명하는 직원에게 물었습니다.

"저는 한국 사람으로 중국, 일본, 한국의 역사와 문화에 매우 관심이 많습니다. 이번 게티 미술관에 〈둔황동굴 사원〉 전시회를 통해 중국의 역사와 문화를 미국에 알리려는 노력에 아시아인으로서 감사를 드립니다. 그런데 혹시 이번 중국 전시처럼 일본과 한국 관련 전시회가 열리는 미술관과 박물관이 LA에 있나요?"

그러자 직원은 조금도 주저함이 없이 LA 인근에 일본의 역사와 문화를 알리는 두 곳의 유명 박물관이 있다고 말했습니다.

"만약 당신이 일본 문화에 관심이 있다면 이 두 곳의 박물관에 꼭 방문해 보세요. 실망하지 않을 것입니다. 당신은 이곳이 처음일 수 있으니 제가 LA에서 유명한 두 곳의 일본 박물관 위치와 홈페이지 정보를 찾아서 프린트를 해 드릴게요."

직원은 친절하게도 바로 안내 데스크에 있는 컴퓨터로 일본 미국 국가 박물관(Japanese American National Museum) 사이트(http://www.janm.org/)와 Angeles County Museum of Art 박물관의 The Pavilion for Japanese Art이라는 일본 예술 박물관(http://www.lacma.org/art/collection/japanese-art)을 찾아서 약도와 정보를 프린트해 주었습니다.

저는 직원의 친절에 감동하면서, 그렇다면 이곳 LA에 한국 문화와 역사를 소개하는 박물관이 있는지 다시 물었습니다. 그러자 직원은 머뭇거리며 잘 모르겠다고 대답했습니다. 중국과 일본 박물관을 소개할 때와는 다르게 한국 이야기가 나오니 안내 직원의 목소리가 작아졌습니다. 어쩌면 게티 미술관의 안내 직원의 목소리의 크기가 중국, 일본, 한국의 역사 외교의 현실이 아닌가 하는 생각이 들었습니다. 기획, 자본, 인력 모든 것이 너무 늦은 것은 아닌가 하는 좌절감도 느꼈습니다. 마치 해변에 혼자 서 있는데 바다 수평선 끝에 엄청난 해일이 몰려오고 있다는 사실을 두 눈으로 발견하고도 아무것도 할 수 없는 기분이었습니다. 그래도 이대로 중국과 일본의 자국 중심의 일방적인 역사 주장을 외국의 유명 박물관에 그대로 확산되는 것을 지켜만 보고 아무것도 하지 않을 수는 없다고 생각했습니다. 일단 미국 LA에서 제가 만나는 한인 동포에게 이런 사실을 알리는 일부터 시작해야 한다고 생각했습니다.

저는 그날 이후 제가 만나는 미국 LA의 한글학교 교사, 학자, 공무원들에게 이번 미국 게티 미술관의 한국 역사 오류의 심각성과 미국의 박물관에 한국을 알리기 위해 지금 우리가 필요한 것이 무엇인지를 고민하자고 했습니다. 무엇보다 세계 4대 박물관 중 하나인 뉴욕 메트로폴리탄 박물관, 워싱턴 스미스소니언 박물관에 전시되어 있는 한국 역사 왜곡에 대한 정보와 세계적인 미술관인 LA의 폴 게티 미술관의 한국 역사 왜곡을 기점으로 미국 및 주요 박물관, 미술관에 한국 관련 역사 오류에 대한 총체적 점검 및 시정 활동의 필요함을 강조했습니다.

미국의 유명 박물관에 한국 역사, 동해 표기 오류가 심각하며 이를 시정하기 위해서는 미주의 한인 동포들이 주도가 되어 한국의 정부, 학계, 민간이 힘을 모아 한국을 바로 알리려는 노력이 필요함을 호소했습니다. 특히 세계사 교과서와 세계지도에서 왜곡된 한국 역사를 접하게 되고 세계적인 유명 박물관에서까지 왜곡된 한국 역사를 접하게 된다면 한국이 올바른 한국 역사를 뒤늦게 홍보해도 그때는 이미 무용지물이 될 것임을 강조했습니다. 따라서 외국인들이 중국과 일본의 자국 중심의 일방적인 역사 주장을 그대로 받아들이지 않게 하려면 한국의 역사와 영토에 대한 제대로 된 소개와 함께 전 세계 한국인들의 적극적인 '한국바로알리기' 활동이 필요함을 알렸습니다.

주 LA한국 총영사관이 제 이야기를 듣고 폴 게티 미술관을 접촉하여 문제를 제기한 결과, 폴 게티 미술관은 오류를 시인하고 사과함과 아울러 문제의 지도를 폐기하였습니다. 이는 민간 협력 외교의 성공적인 사례로 기록될 것입니다.

광복한 지 70년이 넘었지만 전 세계 곳곳에는 동해가 일본해로, 독도가 다케시마로, 한국의 전체 역사가 중국의 속국이라는 왜곡되고 잘못된 역사 인식이 여전히 도처에 남아 있습니다. 이것이 완벽히 시정되지 않는 이상 완전한 광복은 아직 이루어지지 않는 셈입니다. 일제 강점기 때, 전 세계 한인 동포들은 한국의 독립을 위해 주도적으로 독립자금을 모으고 독립운동가를 양성했습니다. 이제 21세기 전 세계에 나가 있는 한국인들이 다시 한번 세계 곳곳에 한국의 역사를 잘못 소개하고 있는 것을 시정하고 바로 알리는 '한국바로알리기' 활동에 적극 참여해 주면 얼마나 좋을까 하고 생각해 봅니다. 특히 한국의 청소년들은 스마트폰과 인터넷으로 전 세계인과 실시간으로 교류를 할 수 있고, 한국의 청소년들은 어학연수, 교환학생, 배낭여행으로 전 세계 곳곳에서 활동하고 있습니다. 따라서 전 세계 동포, 한국의 청소년들이 이 문제에 대해 함께 움직인다면 박물관과 미술관의 한국 역사 오류는 반드시 시정이 될 것이라 생각합니다.

저는 이번 게티 미술관 한국 역사 오류를 통해 한국의 청소년들과 함께할 수 있는 프로젝트가 무엇이 있을지 생각해 보았습니다.

1. 전 세계 박물관, 미술관에 방문한 후 한국 관련 역사 오류가 있는지 확인해 주세요. 특히 한국관뿐만 아니라 중국관, 일본관에서 한국 관련 오류를 찾아서 반크에 제보해 주세요. 직접 갈 수 없다면 인터넷 사이트로 해외 박물관을 검색해서 한국 관련 자료를 찾아주세요.

2. 박물관과 미술관에 한국 역사에 대해 잘못된 부분이 있다면 주변 한국인들이나 그곳의 한국 대사관·또는 총영사관에 이 사실을 알려 대응책을 함께 고민하고 실천해 주세요.

3. 특히 자신이 소속된 학교와 기관에게 이 일을 알려서 함께 전 세계 박물관에

소개된 한국 역사 오류에 대해 설명하고 한국의 역사와 문화를 외국의 박물관에 제대로 알리기 위해 할 수 있는 프로젝트를 기획해 주세요.

4. 전 세계 곳곳에 중국과 일본의 역사와 문화를 알리는 박물관이 설립된 것처럼 한국의 역사와 문화를 알리는 박물관과 미술관이 설립될 수 있도록 개개인의 꿈과 연결해서 장기적 프로젝트를 기획해 주세요.

반크는 청소년 여러분과 앞으로 한국을 바로 알리기 위한 여러 기획을 함께 하고 싶습니다. 앞으로 우리는 한국의 역사가 세계인들에게 제대로 인식될 수 있도록 해야 합니다. 그러기 위해 여러분은 우리의 역사를 제대로 알아야 합니다. 우리가 알지 못하면 잘못 된 것을 찾아낼 수도 없고 바로 잡을 수도 없습니다. 여러분이 한국의 역사를 제대로 알고 역사 속의 위대한 영웅들의 발자취를 따라 우리 민족에게만 있는 DNA를 발휘하여 글로벌 리더로 성장하기를 간절히 바랍니다.

 지구촌 촌장학교 실천 활동

대한민국이 일본 제국주의로부터 잃어버린 빛을 되찾은 지 약 70년이 지났지만, 아직 세계인의 인식에서는 완전한 광복이 이루어지지 않았습니다. 세계의 박물관, 세계사 교과서, 관광출판물, 세계지도, 웹사이트 등에 한국의 역사는 일제강점기 당시 일본제국주의가 왜곡한 한국 역사가 그대로 남아 있으며, 하나된 나라를 만들려고 독립운동을 해왔던 선조들의 꿈은 남과 북으로 분단되어 미완성으로 남아 있습니다. 반크는 75억 세계인의 가슴 속에 독도에서 통일까지 100% 완전한 대한민국을 알려나가는 다양한 프로젝트를 추진하고 있습니다. 100% 완전한 대한민국을 향해 여러분이 할 수 있는 일을 기획하고 추진해 보세요.

'반크' 지구촌 촌장의 31일 프로젝트

대한민국 청소년,
20대를 리드하라

초판 1쇄 펴낸 날 | 2017년 6월 15일
　　　2쇄 펴낸 날 | 2019년 5월 20일

지은이 | 박기태·김보경
펴낸이| 이영남　디자인| 루크디자인
펴낸곳 | 스마트주니어
등록 | 2013년 5월 16일 제2013-000150호
주소 | 서울시 마포구 월드컵북로 400 문화콘텐츠센터 5층 11호
전화| 02-338-4935팩스 | 02-3153-1300　메일| thinkingdesk@naver.com

ⓒ 2017 박기태·김보경 ISBN 978-89-97943-50-0 43330